INTERVENÇÃO DIALÓGICA PARA AULA BILÍNGUE

ESPANHOL E LIBRAS

Editora Appris Ltda.
1.ª Edição - Copyright© 2024 da autora
Direitos de Edição Reservados à Editora Appris Ltda.

Nenhuma parte desta obra poderá ser utilizada indevidamente, sem estar de acordo com a Lei nº 9.610/98. Se incorreções forem encontradas, serão de exclusiva responsabilidade de seus organizadores. Foi realizado o Depósito Legal na Fundação Biblioteca Nacional, de acordo com as Leis nºs 10.994, de 14/12/2004, e 12.192, de 14/01/2010.

Catalogação na Fonte
Elaborado por: Dayanne Leal Souza
Bibliotecária CRB 9/2162

K977i
2024
	Kuyven, Gilvani
	    Intervenção dialógica para aula bilíngue: espanhol e libras / Gilvani Kuyven. – 1. ed. – Curitiba: Appris, 2024.
	    157 p. : il. ; 23 cm. – (Coleção Linguagem e Literatura).
	
	    Inclui referências.
	    Inclui apêndice.
	    ISBN 978-65-250-6964-7
	
	    1. Língua espanhola. 2. Inclusão de aluno surdo. 3. Libras. I. Kuyven, Gilvani. II. Título. III. Série.
	
	    CDD – 460

Livro de acordo com a normalização técnica da ABNT

Appris editora

Editora e Livraria Appris Ltda.
Av. Manoel Ribas, 2265 – Mercês
Curitiba/PR – CEP: 80810-002
Tel. (41) 3156 - 4731
www.editoraappris.com.br

Printed in Brazil
Impresso no Brasil

Gilvani Kuyven

INTERVENÇÃO DIALÓGICA PARA AULA BILÍNGUE
ESPANHOL E LIBRAS

Appris editora

Curitiba, PR
2024

FICHA TÉCNICA

EDITORIAL	Augusto Coelho
	Sara C. de Andrade Coelho

COMITÊ EDITORIAL

- Ana El Achkar (Universo/RJ)
- Andréa Barbosa Gouveia (UFPR)
- Antonio Evangelista de Souza Netto (PUC-SP)
- Belinda Cunha (UFPB)
- Délton Winter de Carvalho (FMP)
- Edson da Silva (UFVJM)
- Eliete Correia dos Santos (UEPB)
- Erineu Foerste (Ufes)
- Fabiano Santos (UERJ-IESP)
- Francinete Fernandes de Sousa (UEPB)
- Francisco Carlos Duarte (PUCPR)
- Francisco de Assis (Fiam-Faam-SP-Brasil)
- Gláucia Figueiredo (UNIPAMPA/ UDELAR)
- Jacques de Lima Ferreira (UNOESC)
- Jean Carlos Gonçalves (UFPR)
- José Wálter Nunes (UnB)
- Junia de Vilhena (PUC-RIO)
- Lucas Mesquita (UNILA)
- Márcia Gonçalves (Unitau)
- Maria Aparecida Barbosa (USP)
- Maria Margarida de Andrade (Umack)
- Marilda A. Behrens (PUCPR)
- Marília Andrade Torales Campos (UFPR)
- Marli Caetano
- Patrícia L. Torres (PUCPR)
- Paula Costa Mosca Macedo (UNIFESP)
- Ramon Blanco (UNILA)
- Roberta Ecleide Kelly (NEPE)
- Roque Ismael da Costa Güllich (UFFS)
- Sergio Gomes (UFRJ)
- Tiago Gagliano Pinto Alberto (PUCPR)
- Toni Reis (UP)
- Valdomiro de Oliveira (UFPR)

SUPERVISORA EDITORIAL	Renata C. Lopes
PRODUÇÃO EDITORIAL	Lucas Casarini
REVISÃO	Thais Piloto da Silva
DIAGRAMAÇÃO	Jhonny Alves dos Reis
CAPA	Eneo Lage
REVISÃO DE PROVA	William Rodrigues

COMITÊ CIENTÍFICO DA COLEÇÃO LINGUAGEM E LITERATURA

DIREÇÃO CIENTÍFICA Erineu Foerste (UFES)

CONSULTORES

- Alessandra Paola Caramori (UFBA)
- Alice Maria Ferreira de Araújo (UnB)
- Célia Maria Barbosa da Silva (UnP)
- Cleo A. Altenhofen (UFRGS)
- Darcília Marindir Pinto Simões (UERJ)
- Edenize Ponzo Peres (UFES)
- Eliana Meneses de Melo (UBC/UMC)
- Gerda Margit Schütz-Foerste (UFES)
- Guiomar Fanganiello Calçada (USP)
- Ieda Maria Alves (USP)
- Ismael Tressmann (Povo Tradicional Pomerano)
- Joachim Born (Universidade de Giessen/ Alemanha)
- Leda Cecília Szabo (Univ. Metodista)
- Letícia Queiroz de Carvalho (IFES)
- Lidia Almeida Barros (UNESP-Rio Preto)
- Maria Margarida de Andrade (UMACK)
- Maria Luisa Ortiz Alvares (UnB)
- Maria do Socorro Silva de Aragão (UFPB)
- Maria de Fátima Mesquita Batista (UFPB)
- Maurizio Babini (UNESP-Rio Preto)
- Mônica Maria Guimarães Savedra (UFF)
- Nelly Carvalho (UFPE)
- Rainer Enrique Hamel (Universidade do México)

Dedico a todos os alunos surdos do Brasil e do mundo e às suas famílias.

AGRADECIMENTOS

Agradeço a Deus, que nunca desistiu de mim. Gratidão por tudo que sou, pelas oportunidades que tive, por me conceder a permissão de estar aqui para escrever estas palavras. À tríade divina, Pai, Filho e Espírito Santo, que sempre me protegeu e segue guiando meus passos e de minha família e amigos.

Agradeço a cada patroa que tive quando trabalhava de doméstica e babá, cada uma ensinou-me, à sua maneira, a ser melhor e a querer crescer.

A cada chefe quando trabalhava na lavoura, arrancando leiteiro da soja, capinando, ou trabalhando na olaria de tijolos, por me fazer entender, muito cedo, que não queria aquele trabalho para sempre e, para isso, teria que estudar.

A cada aluno, desde o magistério até hoje, que sempre me fizeram crescer, aprender, ser melhor, preparar-me para poder ensinar algo a mais, com mais amor e dedicação.

A cada ser que passou pela minha vida e disse que estudar não era importante, que o que pobre precisa é trabalhar e aceitar o que a vida lhe destina, que bom que meus ouvidos estavam fechados para vocês.

A minha amada Escola Estadual Dom Bosco, especialmente as professoras Larissa e Marileuza pelo apoio para esta pesquisa.

A Pilar e a Fuen e suas famílias na Espanha.

A minha orientadora, doutora Simone de Jesus Padilha, primeiro por me aceitar como sua orientanda, sem nunca ter tido contato nenhum comigo. Pela paciência, pelo incentivo, por acreditar que as pessoas podem ser melhores, pela forma de agir quando surgem problemas. Pelas teorias tão bem apresentadas e interpretadas. Obrigada por tudo e que este livro seja sempre "un regalo a tí".

Minha mãe: Wilma Balensiefer. A mulher mais guerreira, lutadora, decidida e feliz que conheço. Com quem muito aprendi e ainda aprendo. Aprendi a trabalhar e colocar a comida na mesa. Amor incondicional.

Meus filhos, razão de tudo que sou e pelo que luto, as minhas melhores obras: Guilherme Augusto Kuyven Kurz, por me fazer praticar a paciência e o amor. Gustavo Henrique Kuyven Kurz, por me fazer praticar a paciência e o amor.

Gabriella Kuyven Kurz, por me fazer praticar a paciência e o amor. Por ter elaborado todo o material didático-pedagógico bilíngue deste livro, desenhando e pintando com amor e paciência, fazendo e refazendo.

Melissa da Luz Seles, minha enteada/filha e minha neta Helena Vitória.

Minhas noras Laís e Carol e a netinha Lívia.

A Ademir Ramos Seles, meu companheiro para toda a vida e toda a sua família que me acolheu.

Aos meus irmãos, que são os mais especiais que poderia ter e a todos os meus familiares que acreditam na educação e no meu trabalho como educadora.

APRESENTAÇÃO

Esse livro propõe uma reflexão aprofundada sobre a educação inclusiva e bilíngue, enfocando a interação entre a Língua de Sinais (Libras) e o Espanhol. Com uma abordagem que integra teoria e prática, o autor apresenta metodologias inovadoras que visam melhorar a aprendizagem e a inclusão de estudantes surdos no ambiente escolar.

INTRODUÇÃO

Nesta seção, são abordadas as premissas da intervenção dialógica e a importância da educação bilíngue para o desenvolvimento de competências acadêmicas e sociais entre os estudantes surdos. A introdução estabelece o contexto da pesquisa, destacando a relevância da inclusão e da interação no processo educativo.

CAPÍTULO I: Uma Forma de Ouvir por Meio da Inclusão

O primeiro capítulo inicia a exploração da inclusão escolar, começando pela experiência da Escola Estadual Dom Bosco. A análise dos primeiros passos na educação para a inclusão é contextualizada pela Universidade de Salamanca, que se destaca como pioneira em práticas inclusivas. A ASAPS (Associação de Pais de Crianças Surdas de Salamanca) é mencionada como um agente fundamental no suporte às famílias e na promoção de um ambiente educacional mais acessível.

CAPÍTULO II: Os Gêneros e Suas Teorias

Este capítulo revisita as teorias dos gêneros textuais, introduzindo o conceito de dialogismo como um espelho da interação social. A discussão sobre exotopia e alteridade propõe um movimento em direção ao outro, essencial para a construção de um ambiente inclusivo. A sócio interação é apresentada como um elemento central no processo de ensino-aprendizagem, e o jogo é destacado como uma ferramenta eficaz para promover a interação e o aprendizado.

CAPÍTULO III: Os Primeiros Passos do Caminhar

Aqui, o autor narra a trajetória da pesquisa e a análise dos dados coletados. A pesquisa é contextualizada com um olhar crítico sobre o material didático-metodológico, enfatizando a necessidade de uma perspectiva dialógica que considere as especificidades do ensino bilíngue.

CAPÍTULO IV: Um novo olhar sobre os gêneros textuais e a interação

No Capítulo IV, a autora propõe uma reflexão sobre como os gêneros textuais podem ser utilizados para promover a interação entre os alunos, especialmente em contextos bilíngues. A abordagem dialógica permite que os estudantes construam conhecimento de forma colaborativa, respeitando as particularidades de cada língua e cultura envolvida. A proposta é que os gêneros textuais não só sejam instrumentos de ensino, mas também meios de expressão e comunicação que fortalecem a identidade dos alunos surdos e ouvintes.

CAPÍTULO V: Sentindo, vivenciando e aprendendo com o surdo

Já no Capítulo V, a autora enfatiza a importância de uma educação que não apenas reconheça, mas também valorize as experiências dos alunos surdos. Este capítulo busca compreender como a vivência e a experiência sensorial dos surdos podem enriquecer o processo de ensino-aprendizagem. A interação com alunos surdos não deve ser vista apenas como uma inclusão, mas como uma oportunidade de aprendizado mútuo, onde todos os participantes da sala de aula têm muito a compartilhar.

A análise dos dados coletados para a pesquisa, oferece insights valiosos sobre a prática pedagógica em contextos bilíngues. As entrevistas com educadores e alunos permitem identificar desafios e estratégias que favoreçam a inclusão e a interação. A análise dos relatos revela a importância da formação dos professores, da sensibilização dos alunos ouvintes sobre a cultura surda e da promoção de um ambiente de respeito e troca. A pesquisa destaca também a relevância de práticas pedagógicas que considerem as especificidades da Libras e do espanhol, criando um espaço de aprendizado que seja verdadeiramente bilíngue e inclusivo.

Em suma, essa obra propõe um olhar renovado sobre a educação bilíngue, enfatizando a importância da interação, da valorização das experiências culturais e da construção conjunta do conhecimento. A inclusão do surdo não se limita a um aspecto técnico, mas envolve um processo profundo de reconhecimento e valorização da diversidade linguística e cultural.

Cantares
Todo pasa y todo queda,
Pero lo nuestro es pasar,
Pasar haciendo caminos,
Caminos sobre la mar.

Nunca perseguí la gloria,
Ni dejar en la memoria
De los hombres mi canción;
Yo amo los mundos sutiles,
Ingrávidos y gentiles,
Como pompas de jabón.

Me gusta verlos pintarse
De sol y grana, volar
Bajo el cielo azul, temblar
Súbitamente y quebrarse...
Nunca perseguí la gloria.

Caminante, son tus huellas
El camino y nada más;
Caminante, no hay camino,
Se hace camino al andar
Al andar se hace camino
Y al volver la vista atrás
Se ve la senda que nunca
Se ha de volver a pisar.

Caminante no hay camino
Sino estelas en la mar
Hace algún tiempo en ese lugar
Donde hoy los bosques se visten de espinos
Se oyó la voz de un poeta gritar:
"Caminante, no hay camino,
Se hace camino al andar..."

Golpe a golpe, verso a verso
Murió el poeta lejos del hogar.
Le cubre el polvo de un país vecino.
Al alejarse le vieron llorar.
"Caminante, no hay camino,
Se hace camino al andar..."

Golpe a golpe, verso a verso
Cuando el jilguero no puede cantar.
Cuando el poeta es un peregrino,
Cuando de nada nos sirve rezar.
"Caminante, no hay camino,
Se hace camino al andar..."

SUMÁRIO

INTRODUÇÃO 17

CAPÍTULO I
Uma forma de ouvir por meio da inclusão do surdo 23
Iniciando o olhar sobre a Escola Estadual Dom Bosco........................... 28
Salamanca – Os primeiros passos na educação para a Inclusão 33
A UNIVERSIDADE DE SALAMANCA, A PRIMEIRA EM INCLUSÃO 34
ASPAS – ASSOCIAÇÃO DE PAIS DE CRIANÇAS SURDAS DE SALAMANCA 42

CAPÍTULO II
Os gêneros e suas teorias 45
Dialogismo – o espelho e eu 55
Exotopia e Alteridade: mover-se em direção ao outro 57
A sócio interação no processo de ensino aprendizagem 62
O Jogo como ferramenta de interação e aprendizagem......................... 65

CAPÍTULO III
Os primeiros passos do caminhar 69
Onde Aconteceu Isso Tudo? 71
PERCURSO DE PESQUISA E COLETA DE DADOS 72
Sujeitos da Pesquisa – Alunas surdas 74
Professora de Língua Espanhola... 74
Professora da Sala de Recursos 75
Intérprete da Escola Dom Bosco... 75
PERCURSO DE PESQUISA E ANÁLISE DE DADOS............................... 75
MATERIAL DIDÁTICO-METODOLÓGICO EM UMA PERSPECTIVA
DIALÓGICA 76

CAPÍTULO IV
Um novo olhar sobre os gêneros textuais e a interação......................... 87
Discussão e análise dos dados 87
ANÁLISES DAS AULAS DE LÍNGUA ESPANHOLA................................ 87
Gênero textual: Calendário (Calendario) 96
Terceiro dia – turma de Ensino Médio 2º J 101

Gênero textual: *Carta de frutas* (Cardápio)..........101
Primeira aula 3º G – turma de Ensino Médio 106
Segunda e Terceira aula 3º G – turma de Ensino Médio 108

CAPÍTULO V
Sentindo, vivenciando e aprendendo com o surdo 115
ANÁLISE DAS ENTREVISTAS 115
Entrevista com a professora de Língua Espanhola 115
Análise da entrevista com a Intérprete de LIBRAS 120
Análise das entrevistas das alunas surdas 127
Análise das entrevistas dos colegas de sala das alunas surdas do 2º ano do Ensino Médio 133
Análise das entrevistas dos colegas de sala das alunas surdas do 3º ano do Ensino Médio 137

CONSIDERAÇÕES FINAIS 141

REFERÊNCIAS 147

APÊNDICE 155

INTRODUÇÃO

Valoro las cosas no por lo que valen, sino por lo que significan.
(Gabriel Garcia Márquez)

As razões que nos levaram a iniciar esta obra, com a temática voltada a alunos surdos, surgiram de uma situação ocorrida no ano de 2015. A motivação nasceu do insucesso do ensino-aprendizagem de alunas surdas, na aula de Língua Espanhola, em que não conseguimos efetivar a relação de inclusão, interação e aprendizagem em sala de aula de Língua Espanhola. Foi a partir da percepção dessa situação que iniciamos o estudo sobre o tema que gerou este livro, até então, completamente desconhecido por nós.

O fato é que iniciamos o ano letivo na escola em 2015 e nas salas de aula havia quatro alunas surdas. Tentamos manter contato visual com essas alunas, falávamos devagar, julgando que leriam os lábios, explicávamos mostrando o livro didático e imagens na sala. Como não sabíamos LIBRAS[1], percebemos que não conseguíamos manter uma relação na qual as alunas a entendessem.

As turmas do Ensino Médio da Escola Estadual Dom Bosco não tinham intérprete de Língua de Sinais, tampouco material de apoio aos professores. Existia o dicionário Capovilla na biblioteca e na sala de AEE não havia materiais específicos para surdos que pudéssemos utilizar para facilitar o entendimento e o ensino nas suas aulas. Ao buscarmos a coordenação da escola, soubemos que estavam procurando um intérprete para as aulas, mas a resposta de todos os órgãos é de que não havia nenhum disponível no município. Foi então que nos lembramos de que no curso de Letras/Espanhol da EaD/UFMT/UAB havia uma aluna que era professora de LIBRAS. Imediatamente entramos em contato e a chamamos para a escola. Ela fez os procedimentos necessários e, em pouco tempo, estava atuando como intérprete para as alunas, as quais têm entre 17 e 23 anos, atualmente.

O que mais nos chocou foi o fato de a intérprete ter dito que as alunas não sabiam do que se tratava a aula. Sabiam que não era Língua

---
[1] LIBRAS: Língua Brasileira de Sinais.

Portuguesa, porque algumas palavras eram diferentes. Tal situação nos levou a sacudir a poeira e iniciar a pesquisa para tentar elaborar um material didático-pedagógico que pudesse pelo menos amenizar, de alguma forma, este conflito.

A partir dessa situação vivenciada na escola é que começamos a pesquisar, ler, informar-nos, conhecer mais e reunir subsídios para desenvolver um trabalho de ensino-aprendizagem a partir de uma visão sociointeracionista nas aulas de Língua Espanhola com alunos surdos, usando os gêneros como base.

Ressaltamos que as alunas atendidas tinham um conhecimento básico de Libras, sinais mais "caseiros"; conforme foram se relacionando com a intérprete e entre elas, foram melhorando, no início sinais bem básicos, depois se tornando mais fluentes. Mesmo sendo surdas, elas não tiveram a Língua de Sinais como sua língua materna para a alfabetização e duas das alunas não eram alfabetizadas, apenas conheciam alguns vocabulários da Língua Portuguesa.

A inclusão de alunos surdos nas escolas públicas regulares no estado de Mato Grosso não é uma realidade bonita e tampouco está a pleno vapor nas escolas, principalmente no interior. Existe falta de material apropriado para o ensino-aprendizagem dos estudantes surdos matriculados na rede pública. Além disso, a comunicação entre alunos e comunidade escolar fica prejudicada, pois grande parte dela não sabe Língua de Sinais, o que impede que a inclusão aconteça de forma efetiva.

Esta obra, portanto, visa a buscar subsídios para construir a interação comunicativa entre os sujeitos surdos e ouvintes em um processo de interação no desenvolvimento do ensino/aprendizagem da Língua Espanhola. Com isso, objetivamos criar meios de amenizar a dificuldade que se apresenta nas escolas das cidades do interior, onde os professores não têm formação para atenderem a esses alunos e os intérpretes são raros.

Nossa problemática girou em torno de descobrir como podemos trabalhar os conteúdos de Língua Espanhola neste cenário específico, eivado de lacunas referentes aos processos de inclusão de alunos surdos, ao desconhecimento de Libras por parte da comunidade escolar, entre outros fatores que permeiam a prática pedagógica nas escolas públicas.

Considerando todas estas questões intrínsecas ao processo de ensino-aprendizagem da Língua Espanhola para alunos surdos, adaptamos uma proposta de material didático-pedagógico bilíngue, unindo a prática docente à teoria dos gêneros textuais/discursivos de fundamentação bakhtiniana, sob uma perspectiva interacionista, na tentativa de sanar ou amenizar algumas dessas questões apresentadas.

Dessa forma, alicerçamos este estudo no arcabouço teórico de Bakhtin/Volochínov (1926, 1928, 1929, 1934, 1975) em relação à língua/linguagem e na teoria␣sociointeracionista␣de␣Vygotsky␣em␣relação à aprendizagem.

Dessa maneira, esta pesquisa tem por objetivo desenvolver reflexões sobre o processo de educação inclusiva de alunos surdos do Ensino Médio em uma escola pública, por meio de um projeto de intervenção didática na disciplina de Língua Espanhola.

A Língua Espanhola é uma das mais faladas no mundo. Atualmente, mais de 450 milhões de pessoas usam-na para se comunicar internacionalmente e é a segunda língua mais falada por nativos. Depois do inglês e do francês, é a mais importante em nível comercial, de acordo com o Instituto Cervantes.

Segundo o Instituto Cervantes, o Brasil é, na atualidade, um dos países onde o estudo e o uso do espanhol vêm experimentando um maior crescimento. Essas perspectivas aumentam, além disso, por conta da promulgação da chamada "lei do espanhol", 4 de agosto de 2005, que estabelece a obrigatoriedade de oferecer a disciplina de espanhol como matéria optativa em todo o Ensino Médio do país em um prazo de cinco anos. (https://www.planalto.gov.br/ccivil_03/_ato2004-2006/2005/lei/l11161.htm)

Afirma, ainda, o Instituto que "o espanhol é um idioma homogêneo e geograficamente compacto. A maior parte dos países hispanos falantes ocupam um território contíguo, o território hispânico que oferece um índice de comunicação muito alto, é uma língua em expansão e de cultura internacional". (https://brasilia.cervantes.es/br/sobre_nossos_centros_brasil_espanhol.htm).

Em 2005, o Ministério da Educação (MEC) implantou no Brasil o ensino da Língua Espanhola como disciplina obrigatória no Ensino Médio. A Língua Espanhola já constava nos Parâmetros Curriculares Nacionais, conhecidos como PCN, desde 1990, e a escola adotava se houvesse um professor formado na área. Atualmente, em nosso município, as escolas que têm Língua Espanhola na grade curricular possuem professores habilitados na área trabalhando, de acordo com informações da Assessoria Pedagógica Estadual em Lucas do Rio Verde.

Por outro lado, a lei de inclusão foi muito debatida no Brasil, porém chegou às escolas de forma impositiva, sem preparo pedagógico/social e, além disso, o governo foi incapaz de fornecer estrutura física. As escolas tiveram que "se adaptar" para atender aos alunos ditos "inclusos" no processo de ensino/aprendizagem. Para a Língua Espanhola, este processo é mais doloroso ainda, pois se o aluno surdo, em nosso caso, as alunas surdas, não estão alfabetizadas nem em LIBRAS, nem em Língua Portuguesa, a terceira língua encontra-se em um espaço conceitual ainda mais distante para que elas acessem, dada sua complexidade.

A partir desse contexto, apresentamos os objetivos desta obra:

- analisar o processo de ensino/aprendizagem dos alunos surdos na escola Dom Bosco em Lucas do Rio Verde-MT;
- desenvolver e aplicar material didático-pedagógico bilíngue (Libras/Espanhol) como estratégia de interação em aulas inclusivas de Língua Espanhola com alunos surdos;
- analisar processos de interação, ensino/aprendizagem e relações dialógicas envolvendo Libras, Língua Portuguesa e Língua Espanhola em sala de aula inclusiva;
- realizar análise das percepções dos sujeitos da pesquisa sobre aspectos positivos e negativos decorrentes do processo de intervenção realizado nas aulas de Língua Espanhola, a partir da discussão enunciativo-discursiva bakhtiniana.

Para apresentarmos este livro, o dividimos em cinco capítulos. Dessa maneira, no primeiro capítulo abordaremos as questões iniciais referentes às atividades desenvolvidas pelos professores da Escola Dom Bosco; um breve histórico sobre a educação, as leis que envolvem o sujeito surdo no Brasil e como estas vêm sendo aplicadas nas instituições de ensino. Discutiremos, rapidamente, o trabalho dos intérpretes que tem importância fundamental neste processo, pela relação direta com o sujeito surdo e a ligação deste com os professores em sala de aula, em nosso caso, a professora de Língua Espanhola. Apresentaremos um pouco da viagem à Espanha, ao berço da inclusão, a cidade e Universidade de Salamanca, bem como a pesquisadora que visitamos na ocasião da viagem e o processo de pesquisa naquele país. Também discutiremos sobre o progresso dos trabalhos desenvolvidos no Brasil na área de atendimento ao surdo na escola e na comunidade.

O segundo capítulo está focado nos gêneros discursivos, exotopia, alteridade, apresentando os textos de Bakhtin e o Círculo (1926, 1928, 1929, 1934-1935/1975, 1952-53/1979). Há muitos trabalhos que se desenvolvem sob o viés bakhtiniano, nos quais nos baseamos nessa etapa, dentre eles, destacamos Padilha (2009 a 2015), Duarte (2009 a 2016), Benassi (2009 a 2015), Brait (2014), Souza (2002). Relacionando a aprendizagem com a interação, tomaremos as contribuições de Vygotsky (1930, 1934), apresentando um pouco da teoria da leitura para alunos surdos e inclusão na Espanha. Aproveitaremos, ainda, as contribuições de Dominguez e Alonso (2004, 2010) para as questões relativas ao ensino de Espanhol para alunos surdos. Para o tema gêneros na escola nos apoiaremos em Dolz e Schneuwly (2004) e, ainda, sobre a importância do jogo em sala de aula e as possibilidades que ele oferece para a aprendizagem, utilizaremos Kishimoto (2010).

O capítulo três versa sobre a percurso de pesquisa utilizado nesta obra. O que moveu os primeiros passos, a entrevista com professores da escola Estadual Dom Bosco, a pesquisa *in loco* em Salamanca-Espanha, a aplicação do material didático-pedagógico em sala de aula, as entrevistas com os alunos, professora e intérprete, os dados analisados e as conclusões a que nos levaram cada um.

O capítulo quatro apresenta e discute sobre as análises realizadas com as observações das aulas de Língua Espanhola nas quais o material didático-metodológico proposto foi aplicado.

E, por fim, o capítulo 5 discorre sobre as entrevistas realizadas com as alunas surdas, com a intérprete, com a professora de Língua Espanhola e com os colegas ouvintes e, em seguida, tecemos os comentários finais desta obra.

Em termos de contribuição, julgamos que esta pesquisa pode frutificar apoiando didaticamente os professores de Língua Espanhola em sala de aula com alunos surdos, na valorização da Libras como uma língua para, a partir dela, perceber o mundo como o aluno surdo o vê. Melhorar a aprendizagem dos alunos surdos em Língua Espanhola e fornecer subsídios para a interação entre eles e seus colegas e professores, ou ao menos aproximar-se disso, em um processo de alteridade.

CAPÍTULO I

Se aprende con las diferencias y no con igualdades.
(Paulo Freire)

Uma forma de ouvir por meio da inclusão do surdo

Neste primeiro capítulo, serão tratadas as questões iniciais até as atividades desenvolvidas tanto pelos professores da Escola Dom Bosco como também do trabalho dos intérpretes e nossa participação na Espanha, em Salamanca. Entre as várias contribuições, elencamos o histórico das pessoas entrevistadas e algumas publicações brasileiras e espanholas sobre a história dos surdos.

Para que seja possível a inclusão de verdade, no Brasil, e de qualidade para todos, precisamos trabalhar na escola não só a aceitação, mas também a formação humana para saber respeitar as diferenças. A escola e a sociedade precisarão desenvolver ações que permitam construir, interagir, formar, capacitar, incluir, defender, apoiar as famílias e os profissionais envolvidos com o aprendiz a ser incluído. O esforço pela inclusão deve estar em todos os lugares, em todas as ações das instituições de ensino e do Governo. A questão da educação a alunos surdos precisa ser realizada com a intenção de apresentar propostas de melhoria, não de apontar problemas, erros ou deficiências.

Pensando na importância da educação para surdos, em 26 de setembro de 1857, fundou-se, no Rio de Janeiro, na época capital do Brasil, o primeiro Instituto para Surdos (Ines). O Ines atende em torno de 600 alunos, da educação infantil até o Ensino Médio. A arte e o esporte completam o atendimento diferenciado do Ines aos seus alunos. O ensino profissionalizante e os estágios remunerados ajudam a inserir o surdo no mercado de trabalho. O Instituto também apoia a pesquisa de novas metodologias para serem aplicadas no ensino da pessoa surda e ainda atende a comunidade e os alunos nas áreas de fonoaudiologia, psicologia e assistência social.

O atual Instituto Nacional de Educação de Surdos foi criado em meados do século XIX por iniciativa do surdo francês E. Huet, tendo como primeira denominação Colégio Nacional para Surdos-Mudos (assim eram denominados), de ambos os sexos. Em junho de 1855, E. Huet apresentou ao Imperador D. Pedro II um relatório cujo conteúdo revelava a intenção de fundar uma escola para surdos no Brasil. Neste documento, também informou sobre a sua experiência anterior como diretor de uma instituição para surdos na França: o Instituto dos Surdos-Mudos de Bourges.

Era comum que surdos formados pelos institutos especializados europeus fossem contratados a fim de ajudar a fundar estabelecimentos para a educação de seus semelhantes. Em 1815, por exemplo, o norte-americano Thomas Hopkins Gallaudet (1781-1851) realizou estudos no Instituto Nacional dos Surdos de Paris. Ao concluí-los, convidou o ex-aluno Laurent Clérc, surdo, que já atuava como professor, para fundar o que seria a primeira escola para surdos na América. A proposta de Huet correspondia a essa tendência. O governo imperial apoiou a iniciativa de Huet e destacou o Marquês de Abrantes para acompanhar de perto o processo de criação da primeira escola para surdos no Brasil.

O novo estabelecimento começou a funcionar em 1º de janeiro de 1856, mesma data em que foi publicada a proposta de ensino apresentada por Huet. Essa proposta continha as disciplinas de Língua Portuguesa, Aritmética, Geografia, História do Brasil, Escrituração Mercantil, Linguagem Articulada, Doutrina Cristã e Leitura sobre os Lábios.

No seu percurso de quase dois séculos, o Instituto respondeu por outras denominações, sendo que a mudança mais significativa se deu no ano de 1957, que foi a substituição da palavra "Mudo" pela palavra "Educação". Essa mudança refletia o ideário de modernização da década de 1950, no Brasil, no qual o Instituto, e suas discussões sobre educação de surdos, também estava inscrito.

Em razão de ser a única instituição de educação de surdos em território brasileiro e mesmo em países vizinhos, por muito tempo, o Ines recebeu alunos de todo o Brasil e do exterior, tornando-se referência, até os dias atuais, para os assuntos de educação, profissionalização e socialização de surdos.

A língua de sinais praticada pelos surdos no Instituto – de forte influência francesa, em função da nacionalidade de Huet – foi espalhada por todo Brasil pelos alunos que regressavam aos seus Estados ao término do curso. Nas décadas iniciais do século XX, o Instituto oferecia, além da instrução literária, o ensino profissionalizante. A conclusão dos estudos estava condicionada à aprendizagem de um ofício.

Os alunos frequentavam, de acordo com suas aptidões, oficinas de sapataria, alfaiataria, gráfica marcenaria e artes plásticas. As oficinas de bordado eram oferecidas às meninas que frequentavam a instituição em regime de externato. A princípio, somente os homens frequentavam o Ines com serviço profissionalizante, depois, os eles poderiam estudar e as mulheres somente podiam fazer serviços profissionalizantes, mais tarde, as mulheres podiam aprender a ler e a escrever.

O Ines tem como uma de suas atribuições regimentais subsidiar a formulação da política nacional de Educação de Surdos, em conformidade com a Portaria MEC n.º 323, de 08 de abril de 2009, publicada no Diário Oficial da União de 09 de abril de 2009, e com o Decreto n.º 7.690, de 02 de março de 2012, publicado no Diário Oficial da União de 06 de março de 2012.

Único em âmbito federal, o INES ocupa importante centralidade, promovendo fóruns, publicações, seminários, pesquisas e assessorias em todo o território nacional. Possui uma vasta produção de material pedagógico, fonoaudiológico e de vídeos em língua de sinais, distribuídos para os sistemas de ensino. Além de oferecer, no seu Colégio de Aplicação, Educação Precoce e ensinos fundamental e médio, o Instituto também forma profissionais surdos e ouvintes no Curso Bilíngue de Pedagogia, experiência pioneira no Brasil e em toda América Latina.

Já a Federação Nacional de Educação e Integração dos Deficientes Auditivos, (Feneida) foi criada em 1977, em São Paulo, e, em 1984, fundou-se a Confederação Brasileira de Desportos dos Surdos (CBDS) na cidade do Rio de Janeiro.

Em 1999, a Feneis publicou a primeira revista em defesa e difusão do uso e ensino de Libras como forma de comunicação entre surdos e para com os surdos (DUARTE; BENASSI, 2014, p. 25).

Em Mato Grosso, em 2000, sob o decreto de criação 1.138, na capital, Cuiabá, foi fundado Centro Educacional ao Atendimento e Assistência ao Deficiente Auditivo (Ceaada) "Professora Arlete Pereira Megueletti". O propósito era o de atender as crianças, jovens e adultos com o ensino regular, bem como a formação de profissionais, intérpretes da Língua de Sinais Brasileira. Atualmente, o Ceaada atende a pessoas surdas, podendo ser cumulativa com outras deficiências, como surdo cegueira, múltiplos e física. O funcionamento é de uma escola regular, em regime anual de ensino, em período integral, sendo que no período matutino ocorre a escolarização e no vespertino, as oficinas. As oficinas trabalhadas são: Libras, Matemática, Linguagem, Informática, Projeto Prinarte, Educação física adaptada. O Ensino é dividido em educação infantil, ensino fundamental: I ciclo, II ciclo III ciclo, Educação de Jovens e Adultos. No Ceaada, não há ensino de Língua Espanhola aos alunos surdos, de acordo com a coordenação do Centro, devido a este fator, não fizemos observações de aulas no local.

Na Lei de Diretrizes e Bases da Educação Nacional (LDB), Lei n.º 9394/96, de 20 de dezembro de 1996, estabelecem-se diretrizes e bases para a Educação Especial, a partir da qual os sistemas de ensino devem assegurar a esses alunos currículos, métodos, técnicas, recursos educativos de acordo com suas necessidades, bem como professores habilitados para atendimento às diferenças linguísticas e culturais dos surdos.

A LIBRAS foi instituída pela Lei n.º 10.436, de 24 de abril de 2002, e reconhecida como sistema linguístico de natureza visual-motora, com estrutura gramatical própria, para a transmissão de ideias e fatos. É a língua natural usada pelas comunidades surdas[2] brasileiras.

Para Quadros (2006, p. 35), a língua de sinais "é uma língua espacial visual, pois utiliza a visão para captar as mensagens e os movimentos, principalmente das mãos, para transmiti-la". Distinguem-se das línguas orais pela utilização do canal comunicativo, enquanto as línguas orais utilizam canal oral-auditivo, as línguas de sinais utilizam canal gestual-visual.

No Brasil existem leis específicas para LIBRAS, por exemplo, a Lei 10.436 de 24/04/2002:

> Art. 1º É reconhecida como meio legal de comunicação e expressão a Língua Brasileira de Sinais - Libras e outros recursos de expressão a ela associados. Parágrafo único. Entende-se como Língua Brasileira de Sinais - Libras a forma de comunicação e expressão, em que o sistema linguístico de natureza visual-motora, com estrutura gramatical própria, constituem um sistema linguístico de transmissão

---

[2] Para o doutor pesquisador da área de atendimento aos alunos surdos da Universidade Federal de Mato Grosso, professor Anderson Simão Duarte, o termo *surdo* é apresentado por ele como *visual*: " a sua identidade que tanto defende, demarca e difunde não é a surdez, mas sim o direito ao uso da sua língua VISUAL, o mesmo direito legal de quem utiliza as línguas AUDITIVAS. Portanto, buscando uma analogia com a concepção de SUJEITO OUVINTE como normalidade linguística, buscamos apresentar o termo SUJEITO VISUAL, alicerçando-nos no mesmo princípio de normalidade linguística em que as línguas de sinais se apresentam. A nosso ver, a concepção VISUAL é o que melhor espelha o sujeito no que se refere às características de sua língua viso-espacial, e não às marcas históricas nem tão pouco a uma marca clínica da deficiência. Este é o primeiro passo rumo a uma autonomia social (DUARTE, 2016, p. 43).

> de ideias e fatos, oriundos de comunidades de pessoas surdas do Brasil. Art. 2º Deve ser garantido, por parte do poder público em geral e empresas concessionárias de serviços públicos, formas institucionalizadas de apoiar o uso e difusão da Língua Brasileira de Sinais - Libras como meio de comunicação objetiva e de utilização corrente das comunidades surdas do Brasil.
>
> Art. 3º As instituições públicas e empresas concessionárias de serviços públicos de assistência à saúde devem garantir atendimento e tratamento adequado aos portadores de deficiência auditiva, de acordo com as normas legais em vigor.
>
> Art. 4º O sistema educacional federal e os sistemas educacionais estaduais, municipais e do Distrito Federal devem garantir a inclusão nos cursos de formação de Educação Especial, de Fonoaudiologia e de Magistério, em seus níveis médio e superior, do ensino da Língua Brasileira de Sinais - Libras, como parte integrante dos Parâmetros Curriculares Nacionais - PCNs, conforme legislação vigente.
>
> Parágrafo único. A Língua Brasileira de Sinais - Libras não poderá substituir a modalidade escrita da língua portuguesa (BRASIL, 2002).

Há o decreto 3.298/1999, que regulamenta a Lei 7.853/1989 e também a Lei n.º 10.0982, de 19 de dezembro de 2000, que estabelece as "normas gerais e critérios básicos para a promoção da acessibilidade das pessoas portadoras de deficiência ou com mobilidade reduzida, mediante a supressão de barreiras e de obstáculos nas vias e espaços públicos, no mobiliário urbano, na reforma na construção de edifícios e nos meios de transporte e de comunicação".

Dentro desse contexto de educação inclusiva, a Universidade Federal de Mato Grosso, UFMT, criou, no ano de 2008, o Grupo de Pesquisa Núcleo de Inclusão e Educação Especial (NIEE). Em 2009, criou-se, em Cuiabá, o Centro de Formação Continuada aos Profissionais da Educação e Atendimento as Pessoas Surdas, CAS. O CAS hoje é denominado Centro de Apoio e Suporte à Inclusão da Educação Especial (Casies), órgão da Secretaria de Estado de Educação (Seduc). Oferece curso de capacitação em LIBRAS, curso para intérprete de Libras, Curso de Noções básicas de tradução e interpretação de Libras/Língua Portuguesa.

A instituição é responsável pela formação e capacitação de futuros profissionais tradutores-intérpretes para a atuação como intérpretes educacionais no Estado do Mato Grosso. Esta mantém seu funcionamento e hoje atende, inclusive, alunos e famílias oriundos do interior do estado. O aluno surdo pode ter o pernoite no Casies, bem como ter um acompanhante com os mesmos benefícios, a alimentação é dividida entre os integrantes que vieram do interior naquela semana de curso, ou no módulo em que o curso acontece, podendo ser extensivo a professores, pais e demais familiares que podem pernoitar e fazer sua alimentação no Centro, em um espaço preparado para esse fim. Aqui damos destaque ao aluno surdo, pois nossa pesquisa teve este foco.

Igualmente, desde 2009, a UFMT oferta, à comunidade interna e externa, o curso de Libras na categoria extensão, a partir do Instituto de Linguagens, oferecendo capacitação a professores, alunos e profissionais da tradução e interpretação de todo o Estado do Mato Grosso.

O curso de licenciatura graduação Letras/Libras da UFMT teve início em 2014, com 40 alunos frequentando, sob a coordenação do professor doutor Anderson Simão Duarte. Após a sua gestão, assumiu a coordenação a professora Sebastiana Almeida Souza e, atualmente, a professora Dinaura Batista de Pádua.

Tais ações têm fortalecido o ensino da LIBRAS em Mato Grosso e a atenção e respeito dados a esta e aos seus usuários tanto da capital como do interior do estado.

Iniciando o olhar sobre a Escola Estadual Dom Bosco

A Escola Estadual Dom Bosco, lócus desta pesquisa, está localizada no município de Lucas do Rio Verde, região centro-oeste de Mato Grosso, possui 1.450 alunos e 120 servidores. Atende, atualmente, 20 salas de aula em três turnos, totalizando 60 salas de Ensino Médio, sendo que também atende ao ProEMI[3], com os cursos Técnicos de Informática e Administração.

Por meio do projeto "Sala de Educador", política de formação continuada do Estado de Mato Grosso, foi priorizada a formação dos profissionais na escola, com o intuito de promover estudos e compartilhar experiências para a superação das dificuldades encontradas em sala de aula.

---

[3] ProEMI: o Programa Ensino Médio Inovador – instituído pela Portaria n.º 971, de 9 de outubro de 2009, integra as ações do Plano de Desenvolvimento da Educação (PDE), como estratégia do governo federal para induzir a reestruturação dos currículos do Ensino Médio. O objetivo do ProEMI é apoiar e fortalecer o desenvolvimento de propostas curriculares inovadoras nas escolas de Ensino Médio, ampliando o tempo dos estudantes na escola e buscando garantir a formação integral com a inserção de atividades que tornem o currículo mais dinâmico, atendendo também às expectativas dos estudantes do Ensino Médio e às demandas da sociedade contemporânea.

Foi implantada a Avaliação Institucional, como mecanismo de constante averiguação das práticas didáticas pedagógicas e acompanhamento dos profissionais da educação, para diagnóstico e superação das dificuldades e para que se efetive a aprendizagem dos alunos. Além disso, ações para aproximar escola e comunidade foram realizadas, tais como: o fortalecimento do CDCE, representantes de turmas, Grêmio Estudantil, gincanas, além das reuniões e assembleias previstas no calendário escolar.

Na percepção dos seus gestores, o Ensino Médio da Escola Estadual Dom Bosco deve oferecer subsídios necessários para a continuação dos estudos na etapa do ensino superior, sem deixar de orientar seus alunos para a vida profissional e os benefícios da formação de uma família bem estruturada para seu futuro e para a sociedade em geral. Como sugestões para melhoria dos processos escolares, destacam-se a necessidade de investimentos na formação dos professores, rigidez na manutenção da segurança e participação efetiva da família no cotidiano escolar e a abertura da escola para a comunidade.

Com a adesão, em 2012, ao Programa Ensino Médio Inovador (ProEMI), lançado em Mato Grosso, em 2009, foram implementadas ações como, pesquisa, análise e atividades, buscando integrar o saber científico, sócio-histórico, tecnológico e cultural. Essas práticas visam proporcionar, aos jovens, oportunidades de pensar e agir com capacidade de observar o mundo, suas potencialidades, buscando promover a integração do pensamento crítico, do pensar criativo e da prática como atuação consciente.

Para desenvolver o protagonismo, autonomia e criatividade juvenil dos estudantes, vários projetos e oficinas foram implantados e desenvolvidos nas diversas áreas do conhecimento, divididos entre cultura e artes, iniciação científica e pesquisa, práticas esportivas e sustentabilidade.

Os recursos financeiros constitucionais recebidos pela escola e os recursos próprios vêm sendo investidos, prioritariamente, em materiais pedagógicos e ações que envolvem a aprendizagem dos alunos, com aquisição de equipamentos, livros para a biblioteca, revistas e periódicos. Tudo isso é feito com o objetivo de melhorar a escrita, leitura e produção textual. Essas ações também motivam professores e alunos a aprofundar e atualizar os conhecimentos nas ciências em geral, especialmente, na política, economia, meio ambiente, tecnologia, cidadania e domínio das novas tecnologias.

A interdisciplinaridade e contextualização são temáticas em constantes discussões e incentivadas a serem realizadas pelo percurso de pesquisa de projetos e dos "clubes de interesse", como possibilidade extracurricular de ampliação das atividades que ultrapassam o fazer pedagógico de sala de aula.

Oficinas de violão, fanfarra, teatro, canto e coral e aulas práticas no laboratório são oferecidos com o intuito de dinamizar o currículo e reforçar a aprendizagem dos conteúdos teóricos, além tornar a escola um espaço agradável, porém todas as tentativas ainda estão aquém do desejado e o desafio continua para a superação dos pontos frágeis que a escola apresenta. As alunas surdas, até o momento desta pesquisa, não participavam destas oficinas oferecidas na escola.

A participação da comunidade escolar na EE Dom Bosco é diversa, visto que os estudantes matriculados na unidade são oriundos de todos os bairros do município. Os responsáveis pelos alunos contribuem com sugestões e críticas em Assembleias convocadas pela equipe de gestão e respondem questionários em momentos de discussões, como exemplo, o projeto: Por uma escola nota 10, realizada anualmente.

A Escola Estadual Dom Bosco possui, atualmente, 1450 alunos. É atendida por 71 professores, 3 coordenadores, uma articuladora de Língua Portuguesa e uma diretora. A Escola oferece curso técnico em parceria com o Senai com uma proposta nova de formação gradativa para o Ensino Médio. Funciona em três turnos, tendo todas as salas sendo usadas integralmente. Possui dois laboratórios de informática, uma ampla e moderna biblioteca, laboratórios de química, física, matemática e biologia.

Os primeiros idiomas ofertados são o espanhol e o inglês. A Escola Estadual Dom Bosco atende alunos do Ensino Médio e do 9º ano do ensino fundamental, por isso as áreas de formação são mais específicas e os seus educadores, formados em áreas determinadas para atender a estas especificidades. O PPP da escola é reformulado a cada ano. Foi dentro de suas normativas que embasamos nosso olhar sobre as ações pedagógicas da escola. Dentro dele encontram-se também as normas referentes à sala de Recursos, que segue:

> [...] o professor da Sala de Recursos deverá atuar de forma colaborativa com os professores para definição de estratégias pedagógicas que favoreçam o acesso do aluno ao currículo. A fim de transformar a prática avaliativa em prática de aprendizagem, a troca de informações entre profissional da Sala de Recursos e professor da turma se dará na hora atividade, dia de aplicação de provas, reuniões de conselho de classe e

sempre que ambos sentirem necessidade de esclarecer procedimentos, planejar ações e estratégias para os alunos AEE[4].

A professora C. Z. é a responsável pela sala de recursos na escola, era ela que, juntamente com a intérprete, (contratada por 30 horas), realizava o atendimento às alunas surdas e também a muitos outros alunos, com diferentes dificuldades de aprendizagem, mas como o nosso foco é este grupo de alunas, nos remeteremos a elas durante este trabalho de pesquisa.

O trabalho na sala de recursos, no caso das alunas, era realizado sempre em conjunto com a professora intérpre;.te, nas cinco horas que lhe restavam de sua carga horária, até o ano de 2015. Após, somente a professora da sala de recursos passou a fazer este atendimento.

O PPP também apresenta sugestões de trabalho no AEE:

> Sugerem-se, como opções para facilitar o acesso dos alunos AEE à aprendizagem: - usar várias instruções; - dar as instruções em passos separados (escritas/sinalizadas/verbais); - usar apoio escrito para as instruções orais; - baixar o nível de dificuldade; - reduzir as instruções; - reduzir as tarefas com lápis e papel; - ler as instruções para os alunos; - usar instruções por sinais; - dar sugestões ou "dicas" extras; - permitir que o aluno grave ou digite as instruções; - adaptar as folhas de provas e trabalhos; - encurtar a extensão; - estender a duração; - usar "dicas" variadas; - aplicar avaliações orais/verbais e escritos; - usar a demonstração prática; - usar testes gravados; - usar gravuras; - ler as avaliações para os alunos; - antecipar a leitura das questões das avaliações; - usar aplicações no ambiente real; - providenciar para que a avaliação seja aplicada por uma pessoa especializada; - usar respostas curtas; - usar múltipla escolha; - modificar formato.

Nesta sala, foi organizado um espaço para o atendimento às alunas surdas. Foram adquiridos alguns materiais didático-pedagógicos para o apoio e aprendizagem de que necessitam: computadores, quebra-cabeça, jogos de montar, jogos de alfabetização, dicionários, câmera fotográfica para registrar filmando suas sinalizações para depois poder assistir, corrigir-se, melhorar gestos e expressões, tudo isso com o acompanhamento da professora.

Seguem algumas fotos do trabalho realizado no atendimento na sala de recursos. A figura a seguir apresenta uma atividade de preparação e revisão/explicação de conteúdo de geografia.

---

[4] AEE: Atendimento Educacional Especializado.

Figura 1 – Aula na Sala de recursos com a Intérprete de LIBRAS

Fonte: acervo da professora C. Z., 2015

A próxima foto traz o momento de explicação e revisão de conteúdos trabalhados em sala no contraturno e auxílio nas tarefas de aula.

Figura 2 – Aula na Sala de recursos com a Intérprete de LIBRAS

Fonte: acervo da professora Claudete Zavodini, 2015

No que se refere à avaliação dos alunos que frequentam a sala de recursos, o PPP apresenta ainda:

> Os alunos AEE terão suas avaliações adaptadas pelos professores considerando as dificuldades de aprendizagem e/ou deficiência, respeitando o ritmo de aprendizagem dos mesmos. O professor da Sala de Recursos ficará disponível para orientações na elaboração dessas avaliações. Como sugestões de adaptação das avaliações: - provas em versão Braille; - auxílio ou equipamento adaptativo; - orientação para o aluno por meio de sinalização; - explicações diretas de várias maneiras; - leitura das avaliações para os alunos; - tempo extra para realização das avaliações; - intervalo nas sessões das avaliações; - respostas ditadas por um assistente; - realização da avaliação em um local tranquilo; - realização da avaliação em vários dias.

Durante o Conselho de Classe, a cada bimestre, a Coordenação e a professora da sala de Recursos participavam das discussões acerca da avaliação dos alunos atendidos, contribuindo para que sejam contemplados em todas as suas especificidades.

Devido a esta atuação da escola com a comunidade, é que julgamos que a pesquisa caberia ser desenvolvida dentro dela, tendo o apoio e acompanhamento da equipe diretiva e participação ativa dos colegas que ali desenvolvem seus projetos.

O embasamento teórico que respalda a pesquisa se encontra no Capítulo II, no qual trataremos das teorias de Bakhtin, Vygotsky e seus comentadores brasileiros, a importância do jogo em sala de aula, além do Grupo de Pesquisa de Salamanca que aborda o tema leitura para surdos.

Salamanca – Os primeiros passos na educação para a Inclusão

A Declaração de Salamanca (UNESCO, 1994), importante documento político que defende os princípios de uma educação inclusiva, propõe que todos os alunos têm direito a desenvolver-se em uma educação que admite suas potencialidades e melhora suas competências, permitindo-lhes conviver em sociedade. Para que possa atingir este objetivo, o sistema educacional tem a responsabilidade de oferecer educação de qualidade a todos os seus alunos, indistintamente de classe social ou financeira.

Tornar real e efetivo o direito à educação de qualidade garante que todas as crianças, jovens e adultos em processo escolar tenham, em primeiro lugar, acesso à educação, porém não a qualquer forma de educação, mas à educação de qualidade, que respeita as diferenças com igualdade de oportunidades.

Com o objetivo de conhecer um pouco sobre a educação inclusiva desenvolvida nas escolas e na Universidade de Salamanca, foi que nos inscrevemos em uma bolsa de estudos, no início desta pesquisa, em 2015, quando surgiu a oportunidade de irmos à Salamanca, na Espanha. A seleção era para professores brasileiros de espanhol por meio da Embaixada da Espanha no Brasil.

Surgiu então a ideia de unir a viagem da Beca da Universidade Menéndez Pelayo em Santander com uma visita *in loco* à Universidade de Salamanca e cidade de Salamanca, que foi pioneira na inclusão e é referência até os dias de hoje. Antes de irmos, fizemos contatos com pessoas da Universidade e da cidade por intermédio de uma amiga espanhola que estava vivendo naquele ano no Brasil. Marcamos entrevistas, visita à Universidade e a uma escola onde há alunos com implante coclear.

A UNIVERSIDADE DE SALAMANCA, A PRIMEIRA EM INCLUSÃO

A Universidade de Salamanca foi fundada em 1218 pelo Rei Alfonso IX de León. É a mais antiga das universidades da Espanha. Inicialmente, eram oferecidos os cursos de Filosofia, Matemática e Astronomia. Depois, Direito e Teologia e, já no século XV, todos os cursos existentes foram agrupados em cinco faculdades oficiais: Cânones, Leis, Teologia, Medicina e Artes Filosofia. É uma universidade que passou por muitas guerras, conflitos, regime militar e ia sobrevivendo à medida que ia crescendo o número de alunos matriculados em seus cursos e que faziam história no mundo da Filosofia, das Letras, das Leis.

Dentre estes personagens importantes da história da Universidade de Salamanca e da própria cidade, estão destacados: Antônio de Nebrija que escreveu a primeira gramática de Língua Espanhola, em 1942, Fernando de Rojas, escritor, Santa Tereza de Jesus, escritora mística e carmelita, Frei Luis de León, humanista e escritor, Miguel de Cervantes, escritor da maior e mais importante obra da literatura espanhola *El ingenioso hidalgo Don Quijote de La Mancha,* Miguel de Unamuno, escritor, professor, reitor da mesma Universidade, dentre outros nomes importantes que fizeram e ainda fazem a história de uma das maiores e mais antigas universidades da Europa.

É uma universidade de tamanho médio, em torno de 30.000 estudantes, com uma grande capacidade de atração, já que é a segunda universidade da Espanha onde estudam mais alunos de fora da cidade e do país.

Figura 3 – Fachada da frente da Universidade de Salamanca vista do alto

Fonte: acervo da pesquisadora, 2015

Chegando a Salamanca, o primeiro contato realizado foi com a coordenadora do curso de Pedagogia da Universidade de Salamanca, professora doutora Maria Luiza Garcia Rodriguez, chamada de Marisa na Espanha, pois é assim que chamam a todas que tem o nome Maria Luiza. A coordenadora apresentou-nos o edifício da Universidade, os blocos de Pedagogia e Letras, a cantina, os laboratórios, os jardins onde ficam os nomes dos doutores nos pilares, por onde se passa para entrar nas salas de aula. Mostrou-nos, também, o seu nome e de seu marido com as datas de suas conquistas de doutorado, um ao lado do outro – é um costume da Universidade, cada doutor formado pode escolher um pilar para colocar seu nome; o marido dela esperou que ela terminasse para colocarem um ao lado do outro. Estes são costumes na Universidade desde a sua fundação, repleta de história pelos corredores universitários.

Figura 4 – Pilares com os nomes dos doutores da Universidade

Fonte: acervo da Pesquisadora, 2015

Figura 5 – Parede da Universidade de Salamanca com nomes importantes dos professores de Letras Clássicas de 1960 a 1986

Fonte: acervo da pesquisadora, 2015

Levando-nos a sua sala de coordenação, a professora fez contatos com colégios e centros onde havia atendimento a alunos surdos para marcar horários, visitas, entrevistas com professores e intérpretes. Apresentou-nos os livros que são usados por todas as licenciaturas da Universidade de Salamanca, referenciando um pouco o trabalho da doutora Ana Belén Domínguez, sobre a qual abordaremos mais adiante.

Apresentou-nos alguns trabalhos realizados pelos alunos de Pedagogia e Letras na área de inclusão e nos relatou um pouco sobre a história de inclusão e cursos dentro da formação universitária a futuros professores. Explicou-nos que o aluno de licenciatura se gradua e, após o término, tem um ano de prática, esta é realizada na área em que este deseja atuar. Se for na educação infantil, ele ficará um ano acompanhando uma turma em uma escola primária, realizando atividades, mantendo o contato direto com professores, alunos, escolas, mas não trabalhará, é como um estágio. Após este período de um ano, ele fará concurso para assumir aulas na área escolhida. A área de professores apresenta muita concorrência na Espanha.

No dia 18 de junho de 2015, a professora Marisa acompanhou-nos a pé, pois Salamanca é uma cidade que se pode ir de carro até a ponte *Romano,* aí se deixa o carro e todo o percurso até a Universidade, catedral, jardins, passeios a pontos turísticos mais conhecidos se fazem caminhando entre um prédio histórico e outro.

Em trinta minutos de caminhada, chegamos ao Instituto de Educación Secundaria (IES) Venancio Blanco. Passamos por lindos jardins, lagos, escolas, campos de futebol, caminhos de flores, parque arborizado que ficam próximos à escola. Lá, conversamos com a coordenadora, professora Maria Luiza Aragón, que é também pedagoga.

Ela contou-nos como é o atendimento a alunos surdos, bem como de que forma são atendidas as demais dificuldades específicas de aprendizagem. Levou-nos até uma sala de aula em que estava tendo aula de Matemática. Na sala havia um aluno surdo da 6ª série do ensino fundamental. O professor ministrava a aula e a intérprete fazia a tradução para o aluno. Na mesa, havia materiais que a intérprete mostrava ao aluno. Pudemos conversar com ela, em uma entrevista que apresentaremos em outro momento, em outro trabalho no qual poderemos abordar sobre intérpretes no Brasil e na Espanha.

Figura 6 – Professora doutora Maria Luiza em caminhada até a escola de ensino fundamental

Fonte: acervo da pesquisadora, 2015

Após conhecer a escola, conversar com a coordenadora, com a professora e gravar a entrevista com a intérprete, voltamos à Universidade de Salamanca.

O primeiro contato com a professora foi realizado por meio do e-mail institucional, ainda no Brasil. Um mês antes de sair do Brasil para Salamanca, enviamos-lhe e-mail, demonstrando interesse em conversar sobre a educação de alunos surdos e o desenvolvimento do seu trabalho na Espanha e Europa. Imediatamente, ela respondeu a todos os contatos e se mostrou aberta a uma visita, já autorizando a gravação de entrevista em sua sala na Universidade de Salamanca, assim que chegássemos lá.

Já de volta à Universidade, conseguimos definir o horário da entrevista com a Doutora Ana Belén Domínguez. No dia combinado, dia 22 de junho de 2015, às nove horas da manhã, horário em que começam a trabalhar, dirigimo-nos à sala da professora pesquisadora.

A professora Ana Belén Domínguez é doutora em Ciências da Educação pela Universidade de Salamanca e Especialista em Logopedia. Professora titular da Faculdade de Educação da Universidade de Salamanca, leciona disciplinas da área de educação especial em primeiro e segundo grau, assim como em diversos doutorados e mestrados.

Colabora há muitos anos com pesquisas no âmbito da língua escrita e da leitura com alunos surdos com professores da Universidad Libre de Bruselas (Bélgica). Tem participado de Projetos de I+D (Programa Estatal de Fomento de la Investigación Científica y Técnica de Excelencia) financiados em Convocações públicas.

Publicou livros, capítulos de livros e artigos em diversas revistas de impacto. Palestrou em Congressos, Simpósios e cursos de formação de professores de educação de distintos níveis educativos. É secretária e Vicedacana da Facultad de Educación da Universidad de Salamanca.

A professora doutora Ana Belém foi muito receptiva. Perguntou-nos muitas coisas sobre o Brasil, a educação brasileira e como é o atendimento a alunos surdos no nosso país. Apresentamos a ela o material produzido na Universidade Federal de Mato Grosso pelos professores de Libras da Universidade Federal, Anderson Simão Duarte, Claudio Alves Benassi. Esta obra foi realizada com a participação e coparticipação das professoras Simone de Jesus Padilha e Maria de Jesus das Dores Alves Carvalho Patatas, editoração de Hussein Mohamad Hallak e ilustração de Maurício José Mota.

Ela mostrou-se encantada com o material e pediu se teríamos uma cópia. Deixamos o livro com ela, para seu uso e da Universidade de Salamanca aos cursos que se interessassem em usá-lo ou conhecerem um pouco sobre o trabalho destes autores. Mencionou seu interesse em vir ao Mato Grosso, falar aos alunos sobre as suas pesquisas, aos professores de Libras e demais áreas que trabalham com alunos surdos, alunos e professores de Letras, Pedagogia e demais interessados.

A Declaração de Salamanca (UNESCO, 1994), documento de defesa dos princípios de uma educação inclusiva, propõe que todos os alunos têm o direito de desenvolver-se de acordo com suas potencialidades, a ampliar suas competências, as quais lhes permitirão participar na sociedade. Para que isso se cumpra, o sistema escolar tem a responsabilidade de oferecer tal educação a todos os alunos.

Fazer valer este direito significa dizer que o sistema educacional deve garantir que todas as crianças e jovens tenham o direito à educação, porém não a qualquer educação. Segundo Domínguez (2004, p. 35) "sino a una educación de calidad con igualdad de oportunidades". De acordo com ela e suas pesquisas, são, justamente, estes três elementos que definem a inclusão educativa ou educação inclusiva.

Percebemos, em todos os textos lidos, que a preocupação é genérica com os que apresentam peculiaridades como: não ler, não ver, ou não ouvir. Porém, os governos não se preocupam com os alunos que apresentam anomalias que prejudicam a aprendizagem. Caso houvesse a disposição de, realmente se fazer a inclusão, as ações dos governos e das universidades deveriam estar focadas para a realização dessas políticas. Infelizmente, isso não acontece.

Apesar da falta de compromisso governamental, vários intelectuais e docentes das universidades espanholas têm a preocupação de incluir os alunos surdos nas escolas regulares. É interessante verificar, na Espanha, a visão da cultura do surdo. Tanto que, se usa sempre o S maiúsculo, que significa uma identidade diferenciada dentro da sociedade. Para Domínguez e Alonso:

> Sordo se refiere a una persona que utiliza la lengua de signos como modo de comunicación primario, que se identifica a sí misma con otras personas sordas (Definición recogida tanto por la Unión Europea de Sordos (EUD), como por la Federación Mundial de Sordos (WFD) (DOMÍNGUEZ; ALONSO, 2004, p. 26).

Sobre a questão da identidade e cultura da pessoa surda, defendem que é difícil compreender este conceito, ele é muito complexo e controverso, já que para alguns, "la cultura es lo opuesto a ignorancia" (DOMINGUEZ; ALONSO, 2004, p. 26), e, segundo esta visão, alguns terão e outros não.

A língua de Sinais, embora não seja universal, é a melhor possibilidade de os alunos surdos participarem da vida social e profissional das comunidades em que vivem. Dominguez e Alonso apresentam quatro aspectos que ressaltam ordenadamente sobre a língua de sinais:

> El primero tiene que ver con el uso de la lengua de signos como herramienta de interacción comunicativa, desde las primeras edad y como lengua de enseñanza, posteriormente.
>
> El segundo aspecto hace referencia a la incorporación de un área curricular específica para la lengua de signos.
>
> El tercer aspecto que se abordará, se centra, principalmente en el análisis de los contextos educativos en los que están teniendo lugar estas experiencias bilingües, para llamar la atención sobre cómo todos estos contextos necesitan modificar e incluir nuevos esquemas de trabajo para poder abordar el reto de trabajar con dos lenguas.

> El cuarto y último elemento, tiene más bien un carácter instrumental y transversal a los anteriores y, hace referencia a la necesidad de incorporar adultos Sordos competentes en lengua de signos a las escuelas (DOMINGUEZ; ALONSO, 2004, p. 50, 51).

As autoras enfatizam a necessidade da utilização da língua de sinais desde a infância. No segundo, sugerem a incorporação de componentes curriculares específicos para ela. No terceiro, mostram que é necessário chamar a atenção de como todos os contextos devem se adaptar para incluírem novos esquemas de trabalho que abordem o ensino de línguas e, no quarto, sugerem a incorporação de alunos surdos competentes em língua de sinais nas escolas.

Independentemente do grau de perda auditiva, o fator visual sempre será forte para a criança surda, mais forte do que para os ouvintes. Devido a isso, os estímulos visuais precisam ser mais bem trabalhados para que a aprendizagem se efetive mais cedo e rapidamente. Em Salamanca, onde fizemos estas observações, não há a obrigatoriedade de os professores aprenderem a Língua de Sinais, mesmo assim muitos fazem curso de Língua de Sinais e participam de grupos para aprendê-la e aproximar-se dos alunos. Não havendo a obrigatoriedade, a tradução e interpretação fica para os intérpretes formados na área.

A aquisição da linguagem de sinais pelas crianças surdas se dá pela interação com os adultos surdos. São eles que cuidam dos pequenos e podem dar este apoio a estes. Devido a isso, na Espanha, cada vez mais cedo as crianças são bilíngues, pois os surdos ensinam a outros e se ajudam, desenvolvendo situações ricas de conhecimentos e vocabulário.

Por outro lado, a família também precisa vivenciar isso. Por isso, cada vez mais, as escolas estão oferecendo cursos de língua de sinais para as famílias dos alunos surdos, para que estes fatores estejam inseridos dentro das delas também, isso fortalece as relações e, ao mesmo tempo, ajuda na aprendizagem escolar e nas relações sociais da criança.

A Espanha também enfrenta problemas em relação à questão educacional, pois ainda há professores que não conhecem a língua de sinais ou não fazem uso total dela nas aulas regulares. Há um trabalho de separação dos conteúdos, selecionando o que deve ser ensinado em língua oral, língua escrita e língua de sinais, para que os alunos possam ser atendidos da melhor maneira possível, como bilíngues.

Reiteramos que, na Espanha, o Governo paga o implante coclear aos surdos. É suficiente ter a avaliação médica e a autorização da família. Diante disso, ao ir para a escola ela terá a língua de sinais para auxiliá-la no entendimento e a língua oral sendo aprendida, com o suporte pedagógico que deve receber nesta fase de aprendizagem, já, no Brasil, não é desta forma. Aqui a língua oral não é ensinada, esta foi a grande diferença sentida nesta imersão na Espanha.

No Brasil, há um movimento de valorização da Língua de Sinais como identidade do surdo, a respeito disso, citamos aqui a professora doutora Gladis Teresinha Taschetto Perlin, que foi a primeira doutora surda em educação no Brasil a formar-se na Universidade Federal do Rio Grande do Sul, em 2003. Ela desenvolve muitas pesquisas na área de educação para surdos no Brasil. Mas, hoje em dia, temos, no Brasil, muitos surdos estudando, pesquisando, e muitos ouvintes pesquisando sobre o ensino para surdos.

Acreditamos que todos estes têm o intuito de melhorar a educação oferecida a eles, tornar mais significativo o que às vezes não está alcançando o aluno surdo. Esta pesquisa tem um pouco desta intenção também, pois surgiu de uma inquietação de uma professora em sala de aula, pois quando aceitamos a Língua de Sinais, aceitamos o "direito de ser surdo e comunicar-se com ela" e não de querer transformá-la ou querer que os alunos surdos oralizem para facilitar, talvez, assim, a vida do professor em sala de aula.

ASPAS – ASSOCIAÇÃO DE PAIS DE CRIANÇAS SURDAS DE SALAMANCA

É uma associação sem fins lucrativos, fundada, em 1982, por um grupo de pais com filhos surdos e que, por carecer de uma instituição a qual pudessem se dirigir para se orientar e compartilhar experiência, decidem se constituir como associação, sendo seu principal objetivo unificar os esforços para a defesa de seus interesses e para a integração de seus filhos em todos os âmbitos da sociedade.

Os valores que a entidade defende são: o bem-estar e a integração plena das pessoas surdas, sua autonomia e o desenvolvimento pessoal, a defesa dos direitos das famílias, as respostas a suas necessidades e o interesse do coletivo de pessoas com deficiência auditiva.

A missão da Associação é representar e defender os direitos e interesses globais das pessoas surdas e de suas famílias diante da Sociedade, Administrações e demais Instituições. Busca obter soluções adequadas às necessidades que surgem na vida do surdo e de suas famílias, para sua realização como cidadãos em pleno direito da sociedade.

Atualmente, agrupa todas aquelas pessoas que se identificam com a problemática dos surdos em todos seus aspectos, sendo Salamanca e região seu âmbito territorial de atuação. Desde 1987, está confederada, em nível nacional, a FIAPAS (*Confederación Española de Familias de Personas Sordas*) e, em nível provincial, a FAPAS CyL (*Federación de Asociación de Padres y Amigos del Sordo de Castilla y León*).

CAPÍTULO II

> *Lo que ocurre, de hecho, es que, cuando miro en el espejo, en mis ojos miran ojos de otros; cuando me miro al espejo no veo el mundo con mis propios ojos desde mi interior; miro a mi mismo con los ojos del mundo – estoy poseído por el otro.*
>
> Mikhail Bakhtin

Os gêneros e suas teorias

Neste capítulo, apresentaremos uma abordagem teórica no recorte epistemológico: (BAKHTIN; VOLOCHÍNOV, VYGOTSKY) a qual embasou a nossa proposta didático-pedagógica bilíngue, sobre o material produzido para os alunos surdos. Além disso, abordaremos a importância do jogo em sala de aula e as possibilidades que ele oferece para a aprendizagem e aproveitaremos, ainda, as contribuições de Dolz e Schneuwly (2013) para abordar gêneros textuais na escola.

Mikhail Mikhailovich Bakhtin, filósofo e pensador russo, juntamente a alguns de seus contemporâneos estudiosos da filosofia e da linguagem, criou um grupo de intelectuais que hoje se conhece como "O Círculo de Bakhtin". Entre eles, estavam o linguista Valentin Volochínov e o teórico literário Pavel Medvedev. Bakhtin é uma das figuras mais importantes da cultura europeia de meados do século XX, na área das Ciências Humanas.

Em suas obras, percebemos uma literatura rica em conceitos e análises que servem como base de pesquisa nos dias atuais. Ele afirma que, para que haja intersubjetividade humana e o processo de interação verbal possa ser constituído a partir da realidade fundamental da língua, é necessário que cada ato de enunciação se realize para a instauração do significado.

Valemo-nos de Brait, que reitera que:

> [...] a enunciação, por sua vez, aparece compreendida como estando situada justamente na fronteira entre a vida e o aspecto verbal do enunciado; ela, por assim dizer, bombeia energia de uma situação da vida para o discurso verbal, ela dá a qualquer coisa linguisticamente estável o seu momento histórico, vivo, o seu caráter único. Dessa maneira, o conceito

> de enunciação está diretamente ligado a enunciado concreto e à interação em que ele se dá: O enunciado concreto (e não a abstração linguística) nasce, vive e morre no processo da interação social entre os participantes da enunciação. Sua forma e significado são determinados basicamente pela forma e caráter desta interação (BRAIT, 2014, p. 67-68).

Nesse sentido, o enunciado tem autor e necessariamente destinatário. Este tem várias faces, várias dimensões (BRAIT, 2014, p. 71). No caso de nossa pesquisa, o aluno surdo e o seu professor, o aluno surdo e a intérprete, o aluno surdo e seu próprio eu, o aluno surdo e seus colegas de classe e, por fim, todos eles conectados na mesma teia de conhecimentos.

Fazem parte de sua vasta bibliografia e conceitos, os gêneros do discurso que resultam em formas-padrão "no campo de utilização da língua elaboram seus *tipos relativamente estáveis* de enunciados, os quais denominamos gêneros do discurso" (BAKHTIN [1929], 2011, p. 262). Estes são determinados sócio historicamente, uma vez que o discurso não se repete nunca, mesmo que seu enunciado seja idêntico, pois falta o fator tempo e o fator social, que não são estáveis. Para Bakhtin:

> A riqueza e a diversidade dos gêneros do discurso são infinitas porque são inesgotáveis as possibilidades da multiforme atividade humana e porque em cada campo dessa atividade é integral o repertório de gêneros do discurso, que cresce e se diferencia à medida que se desenvolve e se complexifica um determinado campo (BAKHTIN [1929], 2011, p. 262).

O fato de nós só nos escrevermos, falarmos e nos comunicarmos por meio dos gêneros do discurso é porque todos os sujeitos/falantes têm internalizado, de forma inconsciente, vários tipos de gêneros e, na maioria das vezes, não têm consciência disso, apesar de seu uso diário.

Se analisarmos a conversa mais banal, verificamos que o discurso é moldado pelo gênero normalmente usado pelo falante nesse tipo de situação, ou seja, aqueles que se apresentam, conforme Bakhtin ([1929] 2011, p. 282), "esses gêneros do discurso nos são dados quase da mesma forma com que nos é dada a língua materna, a qual dominamos livremente até começarmos o estudo teórico da gramática". A partir do momento em que interagimos, não vamos nos reportar a dicionários e enciclopédias o tempo todo, mas de "enunciações concretas que nós mesmos ouvimos e nós mesmos reproduzimos" (BAKHTIN, [1929] 2003, p. 283). Podemos usar vários meios de comunicação, como, por exemplo, a Libras.

Algumas observações sobre o funcionamento dos gêneros do discurso:

> A ao nascer um novo gênero nunca suprime nem substitui quaisquer outros gêneros já existentes; B- qualquer gênero novo nada mais faz que completar os velhos, apensa amplia o círculo de gêneros já existentes; C- cada gênero tem seu campo predominante de existência em reação ao qual é insubstituível; D- cada novo gênero essencial e importante, uma vez surgido, influencia todo o círculo de gêneros velhos: o novo gênero torna os velhos, por assim dizer, mais conscientes, fá-los melhor conscientizar os recursos e limitações, ou seja, superar a sua *ingenuidade*; E- a influência dos novos gêneros sobre os velhos contribui, na maioria dos casos, para a renovação e o enriquecimento destes (SOUZA, 2002, p. 94).

Bakhtin afirma, também, que "muitas pessoas que dominam magnificamente uma língua, sentem amiúde total impotência em alguns campos da comunicação, precisamente porque não dominam na prática as formas de gêneros de dadas esferas" (BAKHTIN; VOLOSHÍNOV, [1929] 2012, p. 284). Portanto, quando uma pessoa domina uma língua, não quer dizer que ela domina todos os nuances dela, mas que ele será um falante experiente em alguns aspectos e em outros, não. Ele poderá, a exemplo disso, expressar-se muito bem formalmente, mas, ao usar a linguagem coloquial, poderá não ser tão eficiente, pois, ainda de acordo com Bakhtin:

> Quanto melhor dominamos os gêneros tanto mais livremente os empregamos, tanto mais plena e nitidamente descobrimos neles a nossa individualidade [...] refletimos de modo mais flexível e sutil a situação singular da comunicação; em suma, realizamos de modo mais acabado o nosso livre projeto de discurso. Desse modo, ao falante não são dadas apenas as formas da língua nacional (a composição vocabular e a estrutura gramatical) obrigatórias, isto é, os gêneros do discurso: estes são indispensáveis para a compreensão mútua quanto às formas da língua, são bem mais mutáveis, flexíveis e plásticos; entretanto, para o indivíduo falante eles têm significado normativo, não são criados por ele, mas dados a ele. Por isso, um enunciado singular, a despeito de toda a sua individualidade e do caráter criativo, de forma alguma pode ser considerado uma combinação absolutamente livre de formas da língua[..] (BAKHTIN; VOLOSHÍNOV [1929], 2012, p. 285).

Quando nos expressamos, emitimos ideias, mas, ao mesmo tempo, escolhemos orações, algo em que acreditamos, essa escolha, de acordo com a teoria bakhtiniana, não é aleatória, pois embasa o nosso discurso. Por mais que o indivíduo não conheça formalmente a gramática, ele escolherá o discurso de acordo com os seus conhecimentos de mundo e enunciações discursivas. Para o aluno surdo, entendemos que este processo se dá com escolhas também, que, dependendo do seu arcabouço de conhecimentos sobre o assunto estudado, no nosso caso, a Língua Espanhola, ele poderá usá-la em Libras com maior assertividade.

Com este trabalho, não tivemos a intenção de que o aluno oralizasse em Língua Espanhola, mas sim, que conhecesse, a partir do trabalho com os gêneros textuais apresentados, o vocabulário da língua, de forma lúdica, por meio do jogo em Libras e Espanhol.

Baseando-se na ideia de escolhermos nossos discursos, entendeu-se a interação estabelecida com interlocutores reais como os alunos surdos e seus professores, os alunos surdos e sua intérprete, os alunos surdos com outros alunos surdos e com ele mesmo, por exemplo.

Quando discute a questão do enunciado, Bakhtin teoriza que:

> [...] o desconhecimento da natureza do enunciado e a relação diferente com as peculiaridades das diversidades de gêneros do discurso em qualquer campo de investigação linguística redundam em formalismo e em uma abstração exagerada, deformam a historicidade da investigação, debilitam as relações da língua com a vida (BAKHTIN [1929], 2011, p. 313).

Desta forma, a rede dialógica que é o discurso é o lócus no qual os sentidos que não são originários do momento específico da enunciação fazem parte de uma continuidade de outras vozes. Ou seja, apesar de o indivíduo se julgar senhor de suas palavras, ele próprio não tem consciência das outras vozes que o levaram a proferir tal enunciado.

Para o aluno surdo, as outras vozes não querem dizer que queremos que ele oralize, mas, sim, que, na sua forma de expressão, estarão embutidos outros conhecimentos anteriores a esta expressão dele. Ele terá também, em Libras, a influência de tudo que ele viveu, viu e leu antes de realizar aquele ato do momento da sua comunicação.

Bakhtin considera a palavra signo ideológico por excelência, pois ela é produto de interação social, de acordo com as vozes e os pontos de vista daqueles que a utilizam. É ainda dialógica por natureza, por ser a palavra como uma luta de vozes que estão em diferentes posições e querem ser ouvidas por outras vozes, pois

> [...] cada signo ideológico é não apenas um reflexo, uma sombra da realidade, mas também um fragmento material dessa realidade. Todo fenômeno que funciona como signo ideológico tem uma encarnação material, seja como som, como massa física, como cor, como movimento do corpo ou como outra coisa qualquer. Nesse sentido, a realidade do signo é totalmente objetiva e, portanto, passível de um estudo metodologicamente unitário e objetivo. Um signo é um fenômeno do mundo exterior. O próprio signo e todos os seus efeitos (todas ações, reações e novos signos que ele gera no meio social circundante) aparecem na experiência exterior. Este é um ponto de suma importância. No entanto, por mais elementar e evidente que ele possa parecer, o estudo das ideologias ainda não tirou todas as consequências que dele decorrem (BAKHTIN; VOLOCHÍNOV [1929], 2012 p. 33).

Entendendo o signo como uma manifestação/representação do real e, ao mesmo tempo, uma parte desse mesmo real, é possível tomar como fundamental a teoria bakhtiniana para a pesquisa com alunos surdos, pois a LIBRAS tem relação intrínseca com a noção de signos ideológicos. A realidade do signo, por sua vez, presente em todas as atividades, também carrega em si consequências que precisam ser estudadas. Além disso, pensar a LIBRAS e sua relação com uma segunda (ou terceira) língua – como é o caso de ensino de Espanhol – objeto deste estudo –, remete a organizar um conjunto de conhecimentos atrelados a tal noção, aliados aos conceitos de enunciação. Além disso, os signos contingentes na LIBRAS possuem uma realidade histórica, vivencial, experiencial e ideológica que marcam seu uso.

Inserida nesse contexto, a resposta é sempre esperada e dá origem a novas situações discursivas, que podem estar de acordo ou não, que podem estar umas contra as outras, ou ainda, que podem ser indiferentes ao que os interlocutores esperam dela.

Interpretando os textos de Bakhtin sobre gêneros do discurso, Rojo enfatiza que:

> São elementos essenciais da situação social mais imediata os parceiros da interlocução: o locutor e seu interlocutor, ou horizonte/auditório social, a que a palavra do locutor se

dirige. São as relações sociais, institucionais e interpessoais desta parceria, vistas a partir do foco da apreciação valorativa do locutor, que determinam muitos aspectos temáticos, composicionais e estilísticos do texto ou discurso. No entanto, as relações entre os parceiros da enunciação se dão num vácuo social. São estruturadas e determinadas pelas formas de organização e de distribuição dos lugares sociais nas diferentes instituições e situações sociais de produção dos discursos. É o que Bakhtin/Volochínov designam por esperas comunicativas, divididas em dois grandes estratos: as esferas do cotidiano (familiares, íntimas, comunitárias, etc.), onde circula a ideologia do cotidiano, e as esferas dos sistemas ideológicos constituídos (da moral social, da ciência, da arte, da religião, da política, da imprensa etc.). Em cada uma destas esferas comunicativas, os parceiros da enunciação podem ocupar determinados lugares sociais- e não outros- e estabelecer certas relações hierárquicas e interpessoais-e não outras; selecionar e abordar certos temas- e não outros; adotar certas finalidades ou intenções comunicativas- e não outras, a partir de apreciações valorativas sobre o tema e sobre a parceria (ROJO, 2005, p. 197).

As formas de enunciação desses discursos são as que irão viabilizar as "regularidades nas práticas sociais de linguagem" (ROJO, 2005, p. 197), com a intenção de refletir sobre os aspectos de cada situação na qual o discurso se apresenta, tornando-os irrepetíveis, de acordo com os aspectos de cada situação vivida pelo indivíduo: lugar, história, vivências, dando um sentido sempre novo a cada enunciado.

Nesta obra, o foco recaiu sobre o que consideramos como gêneros textuais e não discursivos, tendo em vista que a ênfase está sobre a língua e o léxico, relacionadas aos processos do sistema linguístico e da textualização e pouco em relação à base de orientação, que leva em conta os aspectos concernentes à exterioridade, na visão bakhtiniana, abrangendo os interlocutores, a situação imediata de comunicação e o horizonte mais amplo, além do componente axiológico, constitutivo das práticas situadas de linguagem.

Percebe-se que, de forma geral, todo o ensino é direcionado a alunos ouvintes e não leva em consideração o universo peculiar dos alunos surdos, nem tão pouco as diferenças culturais desse grupo. A visão de mundo dos alunos surdos é completamente diferente da dos ouvintes. Essa diferença é motivada por estarem/serem excluídos do processo ideológico de comunicação social vigente em algumas escolas, por isso, pretendemos, com este trabalho, tentar aproximar professor e aluno em aulas de Língua Espanhola com um material bilíngue que possa auxiliar no ensino-aprendizagem.

Os estudos de Bakhtin apresentam que os gêneros do discurso são proferidos, usados, em situações concretas de fala, durante a comunicação verbal e não verbal viva, que se efetua com os indivíduos que estão em nosso entorno, "os gêneros podem ser considerados como instrumentos que fundam a possibilidade de comunicação" (BAKHTIN [1929], 2012, p. 102).

Assim sendo, ao observarmos as relações diárias de um indivíduo, percebemos que ele está sujeito a:

> Numa dada cultura as representações ligadas ao texto são fundamentalmente genéricas: cada um de nós, um dia ou outro, contam uma *fábula* a uma *criança*, assiste *a exposição* de um professor a uma *conferência* pública, apresenta as *regras de um jogo* a um grupo de amigos, estabelece um diálogo para *pedir informação* em um guichê, apresenta-se para uma *entrevista profissional* para obter um emprego, escuta *conversas, entrevistas* ou *debates no* rádio ou na televisão. Cada um de nós reconhece imediatamente estes gêneros como tais e a eles se ajusta em suas próprias produções (DOLZ; SCHNEUWLY, 2013, p. 142).

Para os mesmos autores, do ponto de vista de ensino-aprendizagem, os gêneros "constituem um ponto de referência concreto para os alunos" (DOLZ; SCHNEUWLY, 2013, p. 144), tendo em vista a extrema variedade das práticas da linguagem, também defendem a ideia de que "gêneros podem ser considerados entidades intermediárias que permitem estabilizar os elementos formais e rituais das práticas" (DOLZ; SCHNEUWLY, 2013, p. 144). Além disso, enfatizam que "o trabalho sobre os gêneros dota os alunos de meios de análise das condições efetivas de produção e recepção dos textos" (DOLZ; SCHNEUWLY, 2013, p. 144).

Também dão ênfase às "características" (reconhecíveis empiricamente, acabadas etc.) e afirmam que "o gênero se integra em projetos de classe e permite, por isso, que se proponham aos aprendizes atividades que, a um só tempo, são específicas e fazem sentido" (DOLZ; SCHNEUWLY, 2013, p. 144), do ponto de vista apresentado pelos autores, os gêneros são importantes e devem ser levados a sério na escola. Acreditamos que este ser levado a sério depende muito de cada profissional no seu dia a dia, de acordo com seu planejamento anual, pois, não estamos na sala de aula, nem temos intenção de estar para saber como eles são trabalhados, mas acreditamos que a formação acadêmica e continuada forneça subsídios necessários para que o professor esteja preparado para fazer o uso correto dos gêneros textuais, aplicando-os na prática escolar.

Com o advento das teorias de Bakhtin, os estudiosos de sua obra perceberam a aplicabilidade de suas teorias ao ensino de línguas. Assim, os programas de inclusão trabalharam na elaboração de materiais para o ensino de Libras. Porém, o domínio dos gêneros pelos profissionais de educação é de fundamental importância para o sucesso do ensino aprendizagem.

Para consolidar essa ideia, recorremos a Bakhtin que afirma:

> Em cada campo existem e são empregados gêneros que correspondem às condições específicas de dado campo; é a esses gêneros que correspondem determinados estilos. Uma determinada função (científica, técnica, publicística, oficial, cotidiana) e determinadas condições de comunicação discursiva, específicas de cada campo, geram determinados gêneros, isto é, determinados tipos de enunciados estilísticos, temáticos e composicionais relativamente estáveis. O estilo é indissociável de determinadas unidades temáticas e- o que é de especial importância- de determinadas unidades composicionais: de determinados tipos de construção do conjunto, de tipos de seu acabamento, de tipos da relação do falante com outros participantes da comunicação discursiva- com os ouvintes, os leitores, os parceiros, discurso do outro, etc. (BAKHTIN [1929], 2011, p. 266).

Diante da relação do interlocutor com o discurso e com os demais interlocutores, podemos afirmar que a escola tem, em seu interior, toda a teia discursiva acontecendo no seu dia a dia, não seria diferente com os sujeitos surdos, pois os seus discursos também se constroem nas relações com o outro, com a escola, com a teoria, com as experiências vivenciadas e com o estilo de cada gênero.

De acordo com Duarte (2016),

> O sujeito tem sua língua natural e é por meio dessa que o mesmo está e será o próprio meio em que vive. Os mecanismos linguísticos dos SURDOS são as línguas visuais espaciais. Entretanto, o SURDO é norteado nas escolas "regulares" como aquele que não pode ficar retido nas séries escolares pelo fato de ser "surdo", logo concebido

> com déficits cognitivos e de aprendizagem, e por fazer parte de um programa nacional de inclusão, não pode ser excluído pela reprovação escolar. Mas este fato reflete não a deficiência do sujeito, mas a deficiência do estado e do sistema educacional em não reconhecer as línguas de sinais como línguas suportes de pensamentos, logo cognição (DUARTE, 2016, p. 43).

Quando se trata de Língua Estrangeira, a situação se torna mais grave, pois os falantes do entorno dos surdos não dominam a Libras, que é a sua primeira língua, e, às vezes, como no caso das alunas, nem elas mesmas tinham o domínio da Libras formalizada. Uma tinha uns sinais "caseiros", de acordo com a intérprete que trabalhou com elas, como poderão, então, aprender uma segunda língua, já que não fazem parte de um grupo de surdos que se identifica, se comunica usando a sua língua, a LIBRAS?

Além dessa premissa, os surdos devem aprender não apenas a Libras, que é a sua primeira língua, mas também as demais línguas ensinadas nas escolas precisam ser incluídas no processo, bem como os diversos gêneros textuais e discursivos que permeiam a prática social e escolar. Talvez, se esse trabalho fosse desenvolvido nas escolas, com o auxílio da teoria dos gêneros, pensada também para a língua de sinais e no ensino de outras línguas, haveria maior possibilidade de os surdos realmente se integrarem à sociedade, pois:

> O estudo da natureza do enunciado e da diversidade de formas de gênero dos enunciados nos diversos campos da atividade humana é de enorme importância para quase todos os campos da linguística e da filologia. Porque todo o trabalho de investigação de um material linguístico concreto – seja de língua, de gramática normativa, de confecção de toda espécie de dicionários ou de estilística da língua, etc. – opera inevitavelmente com enunciados concretos (escritos e orais) relacionados a diferentes campos da atividade humana e da comunicação- anais, tratados, textos de leis, documentos de escritório e outros, diversos gêneros literários, científicos, publicísticos, cartas oficiais e comuns, réplicas de diálogo do cotidiano (em todas as suas diversas modalidades), etc. de onde os pesquisadores haurem os fatos linguísticos de que necessitam (BAKHTIN [1929], 2011, p. 264).

No âmbito escolar, ocorrem diversas formas de comunicação verbal como aulas, seminários orais, exposições, resumos, em que há a participação de docentes e discentes em processo de interação. Porém, ainda há poucos trabalhos que agreguem os gêneros visando ao ensino do aluno surdo.

Ainda, ao elaborarmos o plano piloto do material didático-pedagógico para o ensino de Língua Espanhola para os surdos, remetemo-nos às considerações de Volochínov e Bakhtin que afirmam que:

> [...] todo produto natural, tecnológico o de consumo pode tornar-se signo e adquirir, assim, um sentido que ultrapasse suas próprias particularidades. Um signo não existe apenas como parte de uma realidade; ele reflete e retrata uma outra. Ele pode distorcer essa realidade, ser-lhe fiel, ou apreendê-la de um ponto de vista específico (BAKHTIN, 2004, p. 32).

O material piloto da nossa pesquisa se embasou na realidade do signo com particularidades que refletem e refratam mutuamente o caráter dinâmico deste. Na prática cotidiana da Libras, percebemos que os que não fazem uso dela também se utilizam de sinais, expressões faciais e expressões corporais necessárias à interpretação da mensagem que se querem transmitir. De acordo com Duarte; Padilha:

> A Libras, como toda e qualquer língua, não poderá ser compreendida apenas como um conjunto de regras gramaticais ou palavras dicionarizadas, uma vez que a interação suscita processos entonacionais, que produzem novos sentidos e, consequentemente, novas configurações de sinais (DUARTE; PADILHA, 2012, p. 315).

Na linguagem humana, não nos valemos somente da forma oral para nos comunicarmos. Por exemplo, quando duas pessoas não dominam o mesmo idioma, buscam outras formas de se fazerem entender, precisam encontrar outros meios, como apontando, mostrando, fazendo mímicas, caretas, desenhando, enfim, encontrar um jeito de fazer com que sua mensagem seja entendida pelo seu interlocutor. Quando um professor aponta para o quadro, por exemplo, ou pede silêncio, colocando o dedo sobre os lábios, os alunos entendem esta ação, bem como outros recursos usados no dia a dia e essa linguagem também é verbal.

As expressões faciais também fazem parte da linguagem humana. Elas podem demonstrar, por exemplo, se o indivíduo está triste, alegre, preocupado ou com pressa. Para Quadros:

> Podemos separar as expressões faciais em dois grandes grupos: as expressões afetivas e as expressões gramaticais. As primeiras são utilizadas para expressar sentimentos (alegria, tristeza, raiva, angústia, entre outros) e podem ou não ocorrer simultaneamente com um ou mais itens lexicais. Conforme dito anteriormente, não são exclusivas das línguas de sinais. Nas línguas faladas, as pessoas também expressam suas emoções por meio de expressões faciais. Já as expressões gramaticais, estão relacionadas a certas estruturas específicas, tanto no nível da morfologia quando no nível da sintaxe e são obrigatórias nas línguas de sinais em contextos determinados (QUADROS, 2008, p. 2).

Nas obras de Quadros, percebemos aspectos muito importantes levando-se em consideração o uso da Libras, sendo que, neste trabalho, tentaremos fazer uma relação entre Libras e Língua Espanhola, sem o intuito ensinar Libras, a não ser que essa se processe gradativamente. Buscamos, em teorias de quem conhece o assunto, meios para tentar conciliar prática e teoria em sala de aula, numa relação dialógica de interação e aprendizado, já que, até o momento do início desta pesquisa, não havíamos tido contato com Libras, nem com alunos surdos, fomos aprendendo de acordo com o progresso contínuo.

Dialogismo – o espelho e eu

A concepção dialógica da linguagem é um princípio essencial do pensamento bakhtiniano, na qual percebemos que em tudo há uma ressignificação de algo que já foi dito, visto, lido. Portanto, tudo que apresentamos é um resultado de várias interações realizadas anteriormente. Dentro dessa perspectiva:

> A vida é dialógica por natureza. Viver significa participar do diálogo: interrogar, ouvir, responder, concordar, etc. Nesse diálogo o homem participa inteiro e com toda a vida: com os olhos, os lábios, as mãos, a alma, o espírito, todo o corpo, os atos. Aplica-se totalmente na palavra, e essa palavra entra no tecido dialógico da vida humana, no simpósio universal (BAKHTIN [1979], 2011, p. 348).

Acreditamos que este dialogismo a que se referem Bakhtin/Volochínov está em tudo que vemos, ouvimos e experimentamos, cheiramos e tocamos. Nós, ouvintes, ou o surdo, todos realizamos experiências em nossa trajetória. Essas se transformam em novos discursos, em oportunidades de aprender com as nossas experiências, pois as nossas relações, mesmo as de nós conosco, são dialógicas.

Os estudos de Bakhtin sobre a linguagem mostram que o "[...] discurso não se constrói sobre o mesmo, mas se elabora em vista do outro. Em outras palavras, o outro perpassa, atravessa, condiciona o discurso do eu" (FIORIN, 1999, p. 29). Ou seja, para que haja realmente o dialogismo, é necessário que existam bases comuns para haver o intercâmbio das ações que perpassam pelo filtro dos interlocutores. A partir deste filtro, os interlocutores selecionam seus novos enunciados, pois, para Bakhtin, tudo é novo, já que o enunciado nunca se repete.

A partir da seleção dos novos enunciados, se estabelece a vida do enunciado concreto que se encontra realizada nas três dimensões do diálogo propostas por Bakhtin:

> [...] el diálogo inconcluso es la única forma adecuada de expresión verbal de una vida humana autentica. La vida es dialógica por su naturaleza. Vivir, significa participar en un diálogo: significa interrogar, oír, responder, estar de acuerdo, etc. El hombre participa en este diálogo todo y con toda su vida: con ojos, labios, manos, alma, espíritu, con todo el cuerpo, con sus actos. El hombre se entrega todo a la palabra, esta palabra forma parte de la teja dialógica de la vida humana, del simposio universal. Las imágenes cosificadas, objetuales, son profundamente inadecuadas tanto para la vida como para la palabra. El modelo cosificado del mundo se está sustituyendo por el modelo dialógico. Cada pensamiento y cada vida llegan a formar parte de un diálogo inconcluso. También es impermisible la cosificación de la palabra: su naturaleza también es dialógica. Ser significa comunicar-se (BAKTHIN *apud* SOUZA, 2002, p. 82).

Esta afirmação de Bakhtin nos leva a compreender que o diálogo é sempre inconcluso, sendo a única forma propícia de locução verbal de uma vida e, sendo a nossa vida dialógica em todos os sentidos, o nosso viver é estar e participar todo o tempo deste diálogo. Consideramos que este verbal é ir além da língua. Além do que está dito e posto na linguagem. O homem só é homem se participar deste diálogo todo, com todos os seus sentidos, seu corpo e sua espiritualidade, o homem é parte de uma teia dialógica da vida, ou seja, a coisificação e os objetos são profundamente inadequados tanto para a vida como para a palavra. Esse modelo de coisificação do mundo está sendo substituído por um modelo dialógico. Como um grande pesquisador da linguagem humana afirma, ainda que ser significa comunicar-se, pois o indivíduo é a própria língua.

A interação orgânica entre a língua e a vida se dá por intermédio de enunciados concretos, seja em língua oralizada ou em língua de sinais. Para Bakhtin (2002 *apud* SOUZA, 2002) suas particularidades constitutivas são:

> A-A alternância dos sujeitos falantes; B- o acabamento específico do enunciado: B.1- o tratamento exaustivo do sentido do objeto (tema); B.2- o intuito, o querer-dizer do locutor; B.3- as formas típicas de estruturação do gênero do acabamento; C- a relação do enunciado com o próprio locutor (com o autor do enunciado), e com os outros parceiros da comunicação verbal (SOUZA, 2002, p. 94).

Mesmo que este parceiro a que se referem Bakhtin e Volochínov seja você mesmo, que seja além da língua, sendo ela estrangeira ou não, além do idioma, em um processo de interação consigo e com o outro e deste com outros. Aproveitamos para pensar um pouco aqui na nossa proposta de pesquisa, para elaborar um questionamento de como será que se dá esse discurso interior, esta ação e interação do surdo com a língua. Como será que se elaboram os conceitos em seu interior, o verbal, a palavra do outro, a interação, a linguagem, a construção do conhecimento?

Exotopia e Alteridade: mover-se em direção ao outro

O conceito de exotopia nasceu depois de Bakhtin analisar a relação autor/herói na atividade estética. O autor, nesta obra, mostra alguém que sempre sabe mais do que o herói, que o engloba e o acaba. Possui um excedente de visão em relação à consciência e ao acontecimento da existência do herói (BAKHTIN [1929], 1992, p. 34).

A noção de movimento contida no conceito de exotopia está implícita na fala de Bakhtin quando ele afirma:

> [...] o primeiro momento da minha atividade estética consiste em identificar-me com o outro: devo experimentar – ver e conhecer – o que ele está experimentando, devo colocar-me em seu lugar, coincidir com ele [...]. Devo assumir o horizonte concreto desse outro, tal como ele o vive (BAKHTIN [1929], 1992, p. 45).

Ou seja, toda essa noção de movimento permeia a citação, porque, ao se identificar com o outro, o sujeito deve conhecer o que ele está experimentando, vivenciar o que ele vive, tomar o lugar do outro, tudo isso são ações que demandam movimento.

A todo o momento somos analisados pelo outro e o analisamos também. Essa análise recíproca nos aproxima de nosso interlocutor e quanto mais próximos estamos dele, mais ouvimos sua voz em nós mesmos. Portanto, para Bakhtin:

> [...] o autor deve situar-se fora de si mesmo, viver a si mesmo num plano diferente daquele em que vivemos efetivamente nossa vida; essa é a condição expressa para que ele possa completar-se até formar um todo, graças a valores que são transcendentes à sua vida, vivida internamente, e que lhe asseguram o acabamento. Ele deve tornar-se outro relativamente a si mesmo, ver-se pelos olhos de outro (BAKHTIN, 1992, p. 36).

Tendo por base esta afirmação, asseguramos que não nos aproximamos do outro de forma livre e sem uma intenção. Nosso olhar em direção a um objeto qualquer não é um olhar desinteressado. Por mais que usemos nossa palavra de forma representativa, ela nunca conseguirá manipular uma verdadeira indiferença em relação ao objeto de que trata. Nada é aleatório. Dentro desta perspectiva:

> Portanto, toda a compreensão plena real, é ativamente responsiva e não é senão uma fase inicial preparatória da resposta (seja qual for a forma que a ela se dê). O próprio falante está determinado precisamente a essa compreensão ativamente responsiva: ele não espera uma compreensão passiva, por assim dizer, que apenas duble o seu pensamento em voz alheia, mas uma resposta, uma concordância, uma participação, uma objeção, uma execução, etc. (BAKHTIN [1929], 2011, p. 272).

Sempre que utilizamos a linguagem, nossa atuação é carregada de outras vozes, pois não temos o poder de utilizar essas vozes como se fossem a primeira fala ou expressão, porque nosso enunciado está cheio de outras ideias ouvidas ou ditas anteriormente. Ainda de acordo com Bakhtin ([1929], 2011, p. 35), "o modo como eu vivencio o *eu* do outro, difere inteiramente do modo como vivencio o meu próprio *eu*".

Refletindo sobre isso, em relação ao aluno surdo, ao aluno que usa a LIBRAS como língua, teremos não somente sinais manuais e gestos nas suas expressões, mas, sim, uma representação de fatos, acontecimentos, um "movimento da vida" (DUARTE, 2010). Portanto, este não é antigo, ou pré-construído, ele é representado dialogicamente neste momento em que se expressa e rompe as barreiras dos sinais em si.

Na inclusão do aluno surdo, o professor precisa estar atento ao que o aluno está demonstrando a partir da Libras ou outra forma de expressão. Por isso, é cada vez mais urgente que os professores que têm alunos surdos coloquem-se no lugar do outro, como um movimento exotópico e, portanto, preferencialmente saibam Língua de Sinais para melhor interagir com eles e para poder se colocar no lugar deles.

Refletimos, pois, sobre a relação entre a consideração da alteridade e a exotopia com a situação de inclusão do aluno surdo na escola. Fernandes afirma que:

> Como grupo minoritário, os surdos buscam na escolarização a expectativa de incorporação social e consequente conquista de direitos básicos a sua cidadania. Incorporar-se à escola da maioria significa, entretanto, abrir mão de certos aspectos de sua identidade assimilando formas da cultura dominante como é o caso de sua língua, por exemplo. Apesar de pensarem e expressarem-se, não têm seu conhecimento reconhecido por o fazerem de um modo diferente da maioria de seus pares ouvintes alfabetizados, que vivem em uma cultura que valoriza o oral, que conhecem e usam a escrita, de maneira natural (FERNANDES, 1998, p. 106).

Fernandes, em seu trabalho, reconhece a dificuldade que a escola tem em atender e valorizar a cultura surda e com ela toda a sociedade. A sociedade valoriza o oral e quem usa a escrita. O sentimento e a percepção que o alunado surdo tem disso só poderá ser percebido por ele nessa relação social com o outro, com seu colega, com seu professor (que muitas vezes não sabe Língua de Sinais).

Bakhtin, no que se refere às relações de alteridade que nos constituem, afirma que "o homem não pode juntar a si mesmo num todo exterior relativamente concluído" (BAKHTIN, [1929] 2006, p. 55) e, portanto, apresenta necessidade estética absoluta do outro, de sua visão e memória por ser capaz de se reconhecer a partir da visão do outro, de seu exterior.

O homem vive em meio a seu grupo social, por isso é obrigado a constituir-se e ser constituído. Da mesma forma, o surdo busca nas comunidades que têm pessoas surdas, pois "a unidade do todo condiciona os papéis únicos e absolutamente irrepetíveis de todos os participantes" (BAKHTIN, [1929] 2006, p. 55). Ainda em Bakhtin:

> Nossa fala, isto é, nossos enunciados [...] estão repletos de palavras dos outros. (Elas) introduzem sua própria expressividade, seu tom valorativo, que assimilamos, reestruturamos, modificamos. [...] em todo o enunciado, contanto que o examinemos com apuro, [...] descobriremos as palavras do outro ocultas ou semiocultas, e com graus diferentes de alteridade (BAKHTIN, [1929] 2011, p. 314).

Sendo assim, a alteridade necessita ser considerada, para assegurar a compreensão no processo dialógico, na interação:

> Ver e compreender o autor de uma obra significa ver e compreender outra consciência, a consciência do outro e seu mundo, isto é, outro sujeito. Na explicação existe apensas uma consciência, um sujeito; na compreensão, duas consciências, dois sujeitos. Não pode haver relação dialógica com o objeto, por isso a explicação é desprovida de elementos dialógicos. Em certa medida, a compreensão é sempre dialógica (BAKHTIN, [1929] 2011, p. 316).

A compreensão de uma língua para a outra será diferente de acordo com os sujeitos envolvidos na interação dialógica. Isso também ocorre com a língua de sinais, pois os sujeitos são diferentes, portanto, as modalidades de compreensão também o serão. O domínio da língua de sinais também será diferente, como já visto anteriormente, pelos alunos e pelos professores envolvidos no processo de ensino-aprendizagem.

Assim, nesse processo interacional na sala de aula inclusiva, precisamos levar em conta esse outro que se comunica e estabelece laços. Para tanto, o movimento exotópico é imprescindível. Nesse sentido, Bakhtin esclarece-nos que:

> [...] após nós termos identificado com o outro, devemos voltar a nós mesmos, recuperar nosso próprio lugar fora daquele que sofre, sendo somente então que o material recolhido com a identificação poderá ser pensado nos planos ético, cognitivo ou estético. Se não houver essa volta a si mesmo, fica-se diante de um fenômeno patológico que consiste em viver a dor alheia como a própria dor, de um fenômeno de contaminação pela dor alheia, e nada mais (BAKHTIN, 1992, p. 46).

A visão apresentada garante-nos a sabedoria para ir ao encontro do outro e, de um lugar único, ver o mundo sob o olhar do outro, participando da sua existência. Para vivenciarmos o lugar do outro, precisamos ocupar lugares não ocupados, viver relações de compreensão e assumir uma posição ativa, um diálogo provido de um olhar sobre e para o outro, que nos permite arriscar um novo olhar revelador do nosso eu e do outro. É como se o ouvinte só se descobrisse como ouvinte potencial pelo contato com o não ouvinte e por meio de trocas dialógicas e significativas.

Não podemos pensar essa busca como uma busca de verdades, mas sim, como uma construção em interação constante, dialógica em sua natureza.

Então, falar no caminho do outro, ir em direção ao outro, estar no lugar do outro, vivenciar o sentido alheio, não sermos seres isolados, mas tentar entender o outro em profundidade e sentido:

> Um sentido só revela as suas potencialidades encontrando-se e contactando com o outro, com o sentido do outro: entre eles começa uma espécie de diálogo que supera o fechamento e a unilateralidade desses sentidos, dessas culturas. Colocamos para a cultura do outro novas questões que ela mesma não se colocava; nela procuramos resposta a essas questões, e a cultura do outro nos responde, revelando-nos seus novos aspectos, novas profundidades do sentido (BAKHTIN [1929], 2011, p. 366).

Percebemos que, na relação dialógica, o discurso se constitui em jogo, movimento, não cristalizado, tampouco único e puro. Na interpretação de um discurso, temos infinitas possibilidades de intelecção, dependendo de quem é o sujeito e de suas experiências. Ao reproduzir um discurso, o sujeito espera que o seu interlocutor seja ativo e não passivo. Como o sujeito surdo, isolado em sala, por conta de não comunicação, de uma não interação, poderá ser um sujeito ativo no processo de ensino-aprendizagem?

A compreensão de um enunciado vivo é sempre recheada de respostas (BAKHTIN, [1929] 2011). A cada palavra da enunciação que estamos em processo de compreender, fazemos corresponder uma série de palavras nossas, formando uma réplica (BAKHTIN, [1929] 2011 p. 132). Essa responsabilidade e a réplica também não são únicas, ao passo que o sujeito compreende em um dado momento de uma forma e em outro momento a mesma situação poderá ocorrer de forma diferente e com outro discurso.

Geraldi afirma que:

> A responsabilidade abarca, implica necessariamente a alteridade perante o qual o ato responsável é uma resposta. Somos cada um com o outro na irrecusável continuidade da história. Buscar nos eventos, nas singularidades, nas unicidades dos atos desta caminhada como se realizam as "respostas responsáveis" é um modo de reencontrar os deslocamentos imperceptíveis na construção dos valores, dos sentidos que regem, mas que se fazem e se desfazem na existência (GERALDI, 2004, p. 288-303).

Por esta afirmação de Geraldi e outras mais citadas anteriormente neste trabalho, consideramos que o professor tem responsabilidade sobre as "respostas" e "construções de valores" oferecidas aos alunos, principalmente neste trabalho, aos alunos surdos.

De acordo com todas as situações vistas no decorrer deste trabalho, pensamos que o jogo se torna um elemento representativo das relações discursivas que se estabelecem entre o eu e o outro nos processos discursivos realizados com sujeitos surdos em aula de Língua Espanhola. Ao mesmo tempo, constitui uma resposta ao clamor ouvido nas salas diante de alunos surdos que estão "passando" pela escola e não estão tendo o atendimento necessário, nem com a Língua Materna (Libras), nem com a Língua Portuguesa e muito menos com a Língua Espanhola, ao menos na escola centro desta pesquisa.

A sócio interação no processo de ensino aprendizagem

A obra Pensamento e Linguagem de Vygotsky ([1934] 1999) e A formação Social da Mente, do mesmo autor, são nossas bases para abordar os conceitos de ensino-aprendizagem, desenvolvimento, processos mentais superiores e Zona Proximal de Desenvolvimento.

A teoria sociointeracionista agrega contribuições para este estudo em função de se tratar de uma intervenção no processo ensino-aprendizagem de línguas, no qual há três línguas em contato e em situação de trocas discursivas. Nesse sentido, a interação dos sujeitos também se evidencia a partir de uma situação de inclusão em sala de aula, além da possibilidade de novas aprendizagens tanto do aluno surdo quanto do ouvinte por meio da utilização de um material didático-pedagógico bilíngue diferenciado.

Para Vygotsky (1999) ensino e aprendizagem não se separam, caminham juntos em construção e interação. Tais processos estão totalmente repletos de influências sociais, históricas e culturais dos seres humanos e estão vinculados aos processos de desenvolvimento histórico, psicológico, cultural e social, visto que a aprendizagem ocorre em espaços sociais como a igreja, a família, a escola, a rua, o condomínio, na relação com os integrantes desses espaços de convivência e no compartilhamento de experiências.

Com o sujeito surdo, esta aprendizagem se dá nos mesmos locais, porém, de diferentes formas, pois os indivíduos que se comunicam por meio da Língua de Sinais são a minoria. Em face dessa situação, o grupo se torna restrito aos que entendem e fazem uso dos meios de comunicação que o surdo utiliza e este também está inserido na sociedade, o que o torna um ser social. Em relação ao ser social, o autor diz que:

> Aprendizado não é desenvolvimento; entretanto, o aprendizado adequadamente organizado resulta em desenvolvimento mental e põe em movimento vários processos de desenvolvimento que, de outra forma, seriam impossíveis de acontecer. Assim, o aprendizado é um aspecto necessário e universal do processo de desenvolvimento das funções psicológicas culturalmente organizadas e especificamente humanas (VYGOTSKY, [1934] 2003, p. 118).

Na aprendizagem, Vygotsky sustenta que "o aprendizado humano pressupõe uma natureza social específica e um processo através do qual as crianças penetram na vida intelectual daquelas que as cercam" (VYGOTSKY, [1934] 2003, p. 115). Corroborando com isso:

> O aprendizado escolar induz o tipo de percepção generalizante, desempenhando assim um papel decisivo na conscientização da criança dos seus próprios processos mentais. Os conceitos científicos, como o seu sistema hierárquico de inter-relações, parecem constituir o meio no qual a consciência e o domínio se desenvolvem, sendo mais tarde transferidos a outros conceitos e a outras áreas do pensamento. A consciência reflexiva chega à criança através dos portais dos conhecimentos científicos (VYGOTSKY, [1934] 2000, p. 115).

Assim, os jovens devem ter acesso ao conhecimento científico para o desenvolvimento pleno de suas potencialidades, sendo este jovem surdo ou não, mas, no caso deste trabalho, nos atentaremos para a situação escolar do aluno surdo.

Para Vygotsky ([1934] 1998, p. 108) "o aprendizado é mais do que a aquisição de capacidade para pensar; é a aquisição de muitas capacidades especializadas para pensar sobre várias coisas". Interpretando o pensamento de Vygotsky expresso anteriormente, vislumbramos as várias possibilidades e capacidades de focalizar a atenção para várias coisas. Isso nos permite uma multiplicidade de maneiras de ensinar e aprender, para contemplar todos os alunos que podem não ser abrangidos se for utilizado apenas um modelo de ensino.

Com a fuga do padrão estático de ensino, os alunos vivenciarão situações diferentes de comunicação, interação, entendimento, ação sobre a aprendizagem e mudança da situação de ser um mero receptor para ser um agente de transformação de sua própria aprendizagem, era isso que pensávamos em conseguir com este trabalho, pois até pensar em um material didático-pedagógico, não conseguíamos perceber muito bem este processo com as alunas surdas.

Para Vygotsky, o aprendizado se inicia antes mesmo de a criança entrar para a escola. A bagagem de conhecimento prévio que ela traz é decorrente de tudo o que vê na família e na sociedade, pois as relações de interação antes desenvolvidas por seus pais, irmãos, tios, padrinhos, amigos, vizinhos, toda esta situação interacional, deve ser respeitada pelos educadores na escola. Freire diz que "a criança não é uma tábula rasa" (FREIRE, 1987).

A partir de estudos realizados com crianças em idade escolar, Vygotsky afirma que o nível de desenvolvimento real, "o nível de desenvolvimento das funções mentais da criança que se estabeleceram como resultado de certos ciclos de desenvolvimento já completados", (VYGOTSKY, [1934] 1994, p. 111), ou seja, diversos testes realizados permitiram observar as soluções encontradas pelos investigados para resolver diversos problemas. O critério de análise se baseava na possibilidade de resolução individual ou na solicitação de colaboração de outras crianças, já que um dos objetivos era avaliar a idade mental das crianças, comparada com a idade cronológica.

Durante este trabalho, foi observado como se dá este processo com as alunas surdas, já que apresentavam idade defasada para a série na qual estudavam.

Posteriormente, os alvos da pesquisa contavam com a explicação de um professor para ajudar na resolução do problema. Percebemos que algumas crianças entendiam a partir da explicação e outras não. Esse fenômeno no qual a idade mental daquelas crianças não era a mesma foi o que Vygotsky chamou de Zona de Desenvolvimento Proximal (ZPD):

> Zona de desenvolvimento proximal. Ela é a distância entre o nível de desenvolvimento real, que se costuma determinar através da solução independente de problemas, e o nível de desenvolvimento potencial, determinado através da solução de problemas sob a orientação de um adulto ou em colaboração com companheiros mais capazes (VYGOTSKY, [1934] 1994, p. 112).

Vygotsky argumenta que sua teoria justifica a capacidade que a criança pode desenvolver ao aprender a resolver problemas que anteriormente fazia com ajuda, a resolvê-los individualmente. Isso mostra que essa Zona de Desenvolvimento Proximal não permite que se façam avaliações negativas sobre a capacidade de aprendizagem das crianças.

O Jogo como ferramenta de interação e aprendizagem

Há pesquisas que indicam que os jogos já fazem parte da atividade humana há muito tempo. Era, muitas vezes, por meio do jogo que os adultos ensinavam aos mais novos o que precisavam aprender. Nas tribos indígenas, isso ocorre ainda hoje, pois os jogos, danças, as culturas, de forma geral, são transmitidas aos mais novos de forma oral pelos mais velhos. Exemplificam pelo lúdico, atividades práticas e usuais de como devem ser desenvolvidas certas habilidades, como a caça, a pesca.

Quando a criança entra na escola, ainda tem bastante contato com jogos e demais atividades lúdicas. Porém, quando vai avançando estágios da educação formal, os conteúdos e atividades que devem ser apreendidos pelo aluno passam a ser menos práticos e mais teóricos, é isso que se percebe vendo os materiais didáticos e sites que trabalham com Língua Espanhola, por exemplo.

Conforme Huberman, "a mudança é a ruptura do hábito e da rotina, a obrigação de pensar de forma nova em coisas familiares e de tornar a pôr em causa antigos postulados" ainda em seus escritos encontramos a noção de que:

> [...] a inovação é uma operação completa em si mesma cujo objetivo é fazer instalar, aceitar e utilizar determinada mudança. Uma inovação deve perdurar, ser amplamente

utilizada e não perder as características iniciais. O sistema de ensino frequentemente é tentado a mudar as aparências para não alterar a essência (HUBERMAN, 1973, p. 18).

Mudar o sistema educacional significa considerar a vontade dos profissionais envolvidos, de repensar suas práticas de acordo com o público-alvo ao qual atendem. Sabemos que isso não é fácil tarefa e pode ser uma das razões pelas quais encontramos resistência na nossa realidade escolar.

Há um fator muito interessante que também pode ser levantado neste trabalho, que é o do profissional que tem vontade de mudar, se angustia, porém, não tem subsídios teóricos para realizar mudanças necessárias. Esse problema se aprofunda quando se trata de educação especial, com alunos portadores de alguma deficiência, que estão inseridos na escola regular sem preparo por parte do Governo ou da escola para os professores e demais profissionais que estarão atuando diretamente com os alunos.

O docente que trabalha com estes alunos necessita ser criativo para fazer com que a aprendizagem aconteça. É ímpar buscar um aspecto inovador para apresentar em sala de aula. O profissional deve despir-se da concepção tradicional que prioriza a aquisição de conhecimentos, disciplina e ordem como valores essenciais cultivados pela e na escola.

Para quebrar a rotina escolar, o professor pode propor diversas ações diferenciadas como teatro, música, dramatização, leituras não escolares e jogos. Ressalta-se, porém, que não são todas as atividades que podem ser apreendidas por meio de jogos, já a interação, sim. De acordo com Kishimoto:

> O jogo tem um paradoxo. Se, por um lado, favorece a consecução de certos objetivos, há aprendizagens específicas que terão dificuldades de passar por ele. É preciso ter consciência dos limites da utilização do jogo na atividade pedagógica, rompendo com uma visão romântica de que o jogo seria uma panaceia para todos os males. No entanto, Vygotsky nos traz uma importante contribuição, com seu conceito de "zona de desenvolvimento proximal", que significa a distância entre o nível de desenvolvimento potencial da criança. O jogo vivido pela criança deficiente permite a redução desta distância e a revisão do papel do professor, porque, para que ele seja realmente um mediador, um articulador, ser-lhe-á exigido muito estudo, coerência e comprometimento (KISHIMOTO, 2010, p. 152).

CAPÍTULO III

*Ser significa ser para el otro,
Y, a través de él, para sí.*
Mikhail Bakhtin

Os primeiros passos do caminhar

A essência desta pesquisa foi a perspectiva enunciativo-discursiva bakhtiniana, desta forma, os sentidos e as significações dos espaços analisados se configuraram como o centro de nossas discussões. Entendemos que estudar sob o viés bakhtiniano é discorrer sobre os sujeitos e o contexto, cuja dimensão social, histórica e cultural é imprescindível no processo de compreensão de determinado propósito.

Assim, a análise dos dados teve como ponto de partida o ato de "ouvir as vozes" e a ausência delas guiadas pela intérprete, vozes estas que estão presentes desde o princípio da pesquisa. Primeiro da investigadora, depois dos professores, posteriormente das alunas surdas, dos alunos ouvintes e de sua intérprete, construindo, durante o trabalho, um caminhar de interações dialógicas entre os sujeitos envolvidos na construção de enunciados.

A inclusão de alunos surdos nas escolas públicas regulares no estado do Mato Grosso pode gerar conflitos. Dentre as muitas razões, podemos listar a falta de material didático apropriado, a dificuldade de comunicação entre professor e aluno, entre aluno e aluno. Além disso, o desconhecimento da Língua de Sinais por parte da grande da maioria da comunidade escolar limita e dificulta a interação. Ressaltamos aqui que esta realidade só pode ser percebida na escola onde a pesquisa foi realizada, não realizamos um comparativo com outras instituições.

Sendo assim, emergem alguns questionamentos norteadores de nossa pesquisa: a) Como construir interação comunicativa entre os sujeitos envolvidos no processo? Como, em tão pouco tempo, aprender Libras? Como melhorar o desempenho dos alunos em Língua Espanhola com uma proposta bilíngue? De que forma desempenhar as funções docentes em um processo eivado de lacunas – analfabetismo, desconhecimento da Libras, entre outras?

Considerando todas estas questões inerentes ao processo de ensino-aprendizagem da Língua Espanhola para alunos surdos, elaboramos uma proposta didático-metodológica unindo a prática docente aos gêneros textuais, sob uma perspectiva interacionista, em algumas aulas de Língua Espanhola.

A abordagem enunciativo-discursiva tem importância dentro da dimensão da cultura e do sujeito ativo no desenvolvimento humano em um processo de construção interativa. Consiste no modelo teórico metodológico que fundamenta e orienta a definição dos recortes feitos na pesquisa, bem como da geração de dados. Este trabalho apresenta uma proposta metodológica qualitativa dialógica para, a partir dela, pesquisar alunos surdos e seus processos de interação e ensino/aprendizagem com alunos ouvintes no âmbito escolar, em classes regulares do Ensino Médio da Escola Estadual Dom Bosco de Lucas do Rio Verde-MT.

Nesse contexto, alicerçamos este estudo na teoria dos gêneros do discurso, Bakhtin e Volochínov (2014), a teoria sociointeracionista de Vygotsky (1934), as pesquisas de Domínguez e Alonso (2004) de Salamanca, Espanha, sobre o trabalho desenvolvido com alunos surdos e Dolz e Schneuwly (2013), para abordar gêneros textuais na escola.

Na esteira desse pensamento, esta pesquisa teve por objetivo descrever o contexto da prática docente de ensino-aprendizagem de alunos surdos em uma escola pública e desenvolver uma proposta didático-metodológica buscando preencher as lacunas do processo em sala de aula de Língua Espanhola.

Em termos de contribuição, pensamos que esta investigação pode frutificar apoiando didaticamente os professores na valorização da Libras como uma língua, com a possibilidade de, a partir dela, compreender o mundo dos alunos surdos que se comunicam em Libras. Busca considerá-la como um meio de comunicação e interação linguística socialmente reconhecido, levando os interlocutores a perceber que existem línguas diversas para exercer a comunicação de forma ativa e interativa.

Onde Aconteceu Isso Tudo?

Figura 7 – Escola Estadual Dom Bosco-Lucas do Rio Verde-MT

Fonte: foto cedida pelo arquivo da Escola Dom Bosco

    Esta pesquisa foi desenvolvida na Escola Estadual Dom Bosco, que está localizada na Avenida Mato Grosso, número 2191 S, no Bairro Rio Verde, na cidade de Lucas do Rio Verde, Mato Grosso. Fundada em 17 de maio de 1983, pelo Decreto de número 45/1983 de 17/05/1983, tinha autorização para funcionar como escola de 1º Grau, com a resolução número 175/1985 de 26/11/1985 e como escola de 2º Grau, com a resolução de número 2073/86 de 04/07/1986. E ainda, como Escola de Emiep – Eixo Tecnológico Informação e Comunicação – Curso Técnico em Informática, com a resolução de número 738/2014 de dezembro de 2014 e, como Emiep curso técnico em Administração – Eixo tecnológico Gestão e Negócios, com a resolução número 739/2014, de dezembro de 2014. Com o protocolo 1023, de julho de 2014, a escola passa a fazer parte da Adesão do Programa de Ensino Médio Inovador com convênio entre a Seduc e o MEC.

    A escola é mantida pela Secretaria Estadual de Educação do Estado do Mato Grosso – Seduc – MT – e realiza muitas ações na comunidade local para se manter com a qualidade almejada. Devido a este esforço, é considerada uma boa instituição pública de ensino do estado do Mato Grosso, de acordo com resultados das notas do Enem dos últimos anos. Está entre as 100 melhores instituições do estado entre privadas e públicas.

Iniciou suas atividades em fevereiro de 1982, com a chegada dos primeiros assentados, e foi criada, oficialmente, em 17 de maio de 1983. No início atendia uma população homogênea e monocultural, sem grandes desafios a serem enfrentados, a não ser o de ensinar a ler e escrever com qualidade aos filhos dos migrantes agricultores que vieram por meio do projeto de assentamento e colonização do Centro-Oeste desenvolvido pelo Incra[5].

Com a mudança do modelo econômico do município, antes agrícola, de pequeno porte, agora agroindustrial, de médio porte, houve uma demanda por mão de obra para suprir os diversos setores da atividade econômica, distribuídos na indústria, construção civil, serviços, comércio, avicultura, suinocultura, agricultura de grande porte.

Em busca de novas oportunidades e qualidade de vida, chegaram trabalhadores migrantes de vários estados e das diferentes regiões do país. Essa nova realidade modificou significativamente o perfil da comunidade escolar, antes monocultural e homogênea, para um perfil multicultural e heterogêneo, agora composta por uma teia crivada de diversidades, com diferentes linguagens, manifestações culturais e religiosas, diferentes formas de ver o mundo, sendo este o desafio da escola, ser um espaço educativo e buscar a harmonia entre todos.

De acordo com o PPP da escola, no decorrer dos anos, a equipe escolar tem buscado alternativas para superar as maiores fraquezas, que são: o baixo índice de aprovação, altos índices de repetência e abandono escolar, e não tem conseguido avançar, apesar dos esforços concentrados para superação, ficando com baixos índices, não diferentes da realidade do Estado e do País.

A Escola atende a alunos de Ensino Médio, estes têm entre 15 e 18 anos, havendo, também, alunos em idade defasada de acordo com idade e série. A maioria é do sexo masculino.

PERCURSO DE PESQUISA E COLETA DE DADOS

A coleta de dados teve três etapas. Na primeira etapa, enviamos um questionário aos e-mails dos professores da Escola Dom Bosco, com 11 questões referentes ao ensino-aprendizagem voltado aos alunos surdos inseridos na escola. Foram encaminhados 52 questionários e destes retornaram 19. Estes foram considerados na sua totalidade para o início

---
[5] Incra: Instituto Nacional de Colonização e Reforma Agrária.

do processo desta pesquisa sociointeracionista. A intenção era saber o que os professores estavam usando de materiais didáticos em sua prática de sala de aula para atender as alunas surdas matriculadas no Ensino Médio desta escola. Alguns responderam rápido, na mesma semana, outros responderam após o envio do segundo e-mail, pedindo a colaboração, outros não responderam e não justificaram o motivo. O questionário enviado consta do Apêndice I deste trabalho.

A segunda etapa foi a aplicação e observação do material nas salas do 2º e 3º ano do Ensino Médio. Todas as aulas foram fotografadas e fizemos 4 horas, 30 minutos e dois segundos de filmagem, totalizando cinco dias de aula. As filmagens foram realizadas com uma câmera móvel portátil e um celular. O início se deu em 11 de março e o término em 01 de abril de 2016, no período vespertino.

A pesquisadora foi quem realizou as gravações e as fotos. Uma câmera ficava fixa, atingindo toda a amplitude da sala de aula onde estavam os alunos, conseguindo captar a interação entre alunos ouvintes e surdos, já que este é o objetivo maior desta pesquisa. O celular ficava na mão da pesquisadora para as fotos e alguma filmagem pontual, tanto de interação como de ensino/aprendizagem.

Durante as aulas, em momentos específicos em que se fazia necessário, a pesquisadora dirigia-se até as classes, mais próxima aos alunos, para observar ou filmar algum momento isolado de interação, ou algum questionamento vindo dos alunos. Tentou-se buscar a dinâmica da sala de aula, o relacionamento da professora com os alunos, alunos com os alunos e alunos ouvintes com as alunas surdas.

Em função do foco e dos limites deste trabalho, analisamos somente os momentos de interação com as alunas surdas. Nos momentos de atuação com os gêneros textuais, tentamos mostrar os trabalhos específicos delas. Observando os encontros dialógicos entre ouvintes e surdas, buscamos analisar aspectos interativos nas práticas sociais desenvolvidas entre eles na Língua Espanhola.

Na terceira etapa, realizamos entrevistas com alguns sujeitos envolvidos no processo, para solicitar a opinião que eles construíram sobre o material utilizado. O primeiro momento desta etapa foi a gravação realizada com a intérprete e as três alunas surdas.

Em um segundo momento, gravamos com a professora de Língua Espanhola que aplicou o material em sala de aula. Após, entrevistamos seis alunos ouvintes. Estes eram colegas das três alunas surdas do segundo e do terceiro anos. Foram três alunos do terceiro ano, sendo um menino e duas meninas e, do segundo ano, três meninas. Não houve uma seleção especial para entrevistar aos alunos. Foi perguntado na sala de aula quem queria participar e apareceram seis voluntários.

Para finalizar, gravamos com a intérprete para saber como ela havia percebido a interação e a utilização dos gêneros textuais nas aulas de Língua Espanhola. As entrevistas são originais, não houve correção gramatical, nem de estrutura frasal.

Sujeitos da Pesquisa – Alunas surdas

Foram sujeitos da pesquisa três alunas surdas, a professora de espanhol, a intérprete, a professora da sala de Recursos Multifuncionais, alunos dos 2º e 3º ano do Ensino Médio e a pesquisadora. Nas listas de chamada da sala de aula, constavam 31 alunos no segundo ano e 26 alunos no terceiro ano, porém estiveram presentes durante a pesquisa e assinaram a autorização 19 alunos do segundo ano e 22 do terceiro ano.

A aluna do segundo ano tinha 17 anos e as do terceiro ano tinham, respectivamente, 18 e 23 anos de idade. Pudemos perceber que todas apresentavam defasagem escolar referente à idade e série. De acordo com a intérprete que atuou com as alunas, somente uma, a de 17 anos encontrava-se alfabetizada, as demais conheciam vocabulários em Libras e usavam bastantes sinais "caseiros".

Professora de Língua Espanhola

A professora M.P. atua na escola Dom Bosco desde 2013. É formada em Letras/Espanhol e suas Literaturas pela Universidade de Cuiabá, Unic. Possui bacharelado em Administração Pública pela UAB/Unemat e pós-graduação em Linguagem e o Ensino da Língua: Redação e Leitura – Universidade de Cuiabá – Unic. É concursada no estado do Mato Grosso, em Língua Espanhola e Língua Portuguesa, trabalhando todos os períodos nesta mesma escola, já que tem dois concursos de 30 horas cada, totalizando 60 horas nesta escola. Esta não tem conhecimento da Língua de Sinais.

Professora da Sala de Recursos

A professora C.Z. trabalha na escola Dom Bosco desde 1997. Formada em Letras pela Universidade Estadual do Mato Grosso (Unemat). Cursou pós-graduação em Metodologia do ensino fundamental pela Universidade de Várzea Grande (Univag), em 2001. Atua na sala de recursos desde 2011. Não tem conhecimento de Língua de Sinais e também atua 60 horas nesta escola.

Intérprete da Escola Dom Bosco

A professora L.A. era a intérprete da Escola Dom Bosco. Formada em Teologia pelo STBI, em Ijuí (RS), graduada em Letras/ Espanhol pela UAB-UFMT. É proficiente no uso e no ensino de Libras (Prolibras 2007 e 2015). Desenvolve trabalhos com surdos desde 1999. Exerce tarefas como interpretação de cultos, assistências familiares e sociais. Nos últimos quinze anos, se dedica à educação para surdos nas escolas públicas. Realizou curso de Libras na Primeira Igreja Batista em Ijuí, (RS). Participou de oficinas como intérprete, níveis I, II e III e realizou cursos pela UNB e Unijuí e oficinas de contação de histórias em Libras pelo Casies[6], em Cuiabá. É fluente em Língua Espanhola.

PERCURSO DE PESQUISA E ANÁLISE DE DADOS

Os materiais produzidos foram utilizados para explorar e fazer a análise dos dados nas partes que houve necessidade. Foram arquivadas as filmagens e as fotos, caso haja posterior interesse ou necessidade, ou mesmo continuidade do trabalho desenvolvido.

Os gêneros textuais utilizados foram uma ficha de acompanhamento individual do aluno (*Ficha de Acompañamiento individual del alumno*), um calendário (*calendario*) e um cardápio de frutas (*carta de frutas*).

Durante a aplicação do material didático-pedagógico, os alunos foram divididos em 4 grupos e a cada grupo foi entregue um kit de jogos iguais, para maior interação e para que todos tivessem a mesma forma de acesso ao material desenvolvido.

Foram, assim, representados os sujeitos envolvidos: professora de Língua Espanhola: PE; intérprete de Libras: IL; aluna surda: S^1, S^2, S^3; alunos ouvintes: O^1, O^2, O^3, O^4, O^5 e O^6.

---

[6] Casies: Centro de Apoio e Suporte à Inclusão da Educação Especial- Cuiabá-Mato Grosso.

A transcrição ocorreu de acordo com a fala dos sujeitos, sem correções ou interferências, respeitando a particularidade de cada um dos envolvidos.

Os dados foram analisados a luz da teoria interacionista de Vygotsky e dos gêneros textuais e discursivos de Bakhtin e Volochínov, buscando estabelecer relação entre alunos ouvintes e alunos surdos com a professora de Língua Espanhola e a intérprete e como se estabelecem as relações de ensino-aprendizagem. Análise dos momentos de interação em sala de aula com o uso dos gêneros textuais e o material didático-pedagógico bilíngue.

MATERIAL DIDÁTICO-METODOLÓGICO EM UMA PERSPECTIVA DIALÓGICA

Elaboramos o material a partir de aplicação de questionário aos professores da rede pública de ensino, de observações de intérpretes, professores de Libras e alunos surdos, bem como sugestões de professores e pesquisadores, pesquisa sobre materiais didáticos para sala de aula referente ao tema espanhol para alunos surdos e consultas na internet, na Universidade de Salamanca, livrarias da Espanha e material didático produzido pelo MEC[7], no Brasil.

Os desenhos e pinturas do material didático foram desenvolvidos por Gabriella Kuyven Kurz, jovem que se prontificou a desenvolver o trabalho voluntariamente. Todos os sinais em Libras foram analisados pelo professor doutor Cláudio Alves Benassi, que o professor é um dos importantes nomes do ensino de Libras do Mato Grosso e da Universidade Federal do Mato Grosso. O material começou a ser desenvolvido em 2015 e foi elaborado até março de 2016. Fizemos um original e trabalhamos com mais três cópias de cada, as cópias foram necessárias para que pudéssemos trabalhar na sala de aula com grupos de alunos. Definimos, então, quatro grupos em cada sala. As alunas surdas estavam divididas em grupos diferentes para as atividades práticas.

Conhecendo os gêneros textuais a serem trabalhados, preparamos o material didático baseados neles. Foram cinco jogos e três gêneros textuais. O primeiro jogo foi de números, o segundo de alfabeto, para trabalhar com o gênero textual ficha de acompanhamento individual do aluno. O

---

[7] Ministério de Educação e Cultura do Brasil.

terceiro foi de dias da semana, o quarto de meses do ano e números, para confeccionar o gênero textual calendário. O quinto foi de frutas, utilizamos os dias da semana, meses do ano, números e cores, para trabalharmos com o gênero textual cardápio de frutas da escola[8]. Pensamos em desenvolver um material que unisse os gêneros textuais em Língua Espanhola e a Libras, para tentar favorecer a interação e a aprendizagem das alunas surdas, mantendo, talvez, uma relação mais próxima do professor com o aluno surdo em sala de aula.

O material esteve composto de três partes: uma ficha com desenho de algum objeto para ser trabalhado dentro do gênero estudado, o sinal em Libras e a palavra escrita em Língua Espanhola. A intenção era que os alunos conseguissem unir, encaixar, estas peças do jogo juntos. As alunas surdas reconhecendo os sinais em Libras e os desenhos, e o aluno ouvinte, ajudando com o vocabulário em espanhol, contando com a ajuda da imagem. O material é colorido, claro, bonito e interessante para ser trabalhado nas séries em que foi realizada a amostragem.

O objetivo era que os alunos conseguissem encaixar as três partes do jogo. O desenho, o sinal em Libras e a escrita em Língua Espanhola. Todavia, o professor que não tivesse aluno surdo em sala também poderia usar o material, valendo-se somente dos desenhos e das palavras em espanhol, ou poderia oferecer o jogo completo, mesmo aos alunos ouvintes, para que eles conhecessem outra realidade e já trabalhassem consigo mesmos em relação ao respeito à diversidade, inclusão e respeito às pessoas surdas de seu entorno. O ideal era que o professor soubesse a Língua de Sinais, mas, caso não soubesse, poderíamos fazer um gabarito para acompanhar o jogo, mas não chegamos a elaborar um para esta fase do trabalho.

Não era foco deste trabalho ensinar Libras, mas sim, ensinar a Língua Espanhola a alunos surdos usando um material bilíngue. Acreditamos que quem deva realizar o ensino de Libras são as escolas criadas para isso, com profissionais responsáveis por desenvolver este trabalho. Aqui estávamos entrando em um campo desconhecido até este momento, mas com vontade de que houvesse uma mudança em sala de aula. Há centros específicos para o ensino da Libras e muitos bons professores no Brasil capacitados para isso. A Libras foi estudada para criar o jogo, entender melhor o processo e ainda passou por uma revisão de um especialista na área.

---

[8] Todos os gêneros textuais foram explicados, discutidos e produzidos em Língua Espanhola e em Língua Portuguesa.

Sabemos, também, que, dependendo da região, assim como qualquer outra língua viva, a Libras sofre modificações de acordo com seu uso, isso precisava ser respeitado ao usar o material, como aconteceu com as alunas em sala de aula. Em uma das aulas em que teriam que usar as frutas para a atividade, as alunas surdas e a intérprete conheciam outro sinal para a palavra pêssego (*durazno/melocotón*) que não era o mesmo que tinha nas fichas do jogo. A intérprete, então, explicou a todos sobre as variedades linguísticas e todos entenderam e aprenderam mais um sinal.

O que tentamos fazer com estas atividades foi pensar em uma forma de interagir com as alunas surdas em sala de aula, de forma que elas se sentissem parte importante do grupo e que os colegas também pudessem ter uma relação de maior proximidade com elas.

A Libras usada no jogo tinha o propósito de alcançar o que os alunos surdos conhecem, chegar mais próximo de sua realidade, conseguir manter uma relação de interação e, a partir desta, a aprendizagem em Língua Espanhola. Como assevera Fernandes:

> Em função da experiência visual que mobiliza suas interações cotidianas, desde o nascimento, potencializam-se as possibilidades de comunicação visual mediadas simbolicamente pela língua de sinais, em contato com outros surdos. Como se sabe, essas interações raramente se dão na infância e se concretizam quase sempre na adolescência ou idade adulta (FERNANDES, 2006, p. 5).

Desejamos que essa experiência visual, que foi o material pedagógico desenvolvido, que é como um jogo, desenvolva todos os fatores elencados anteriormente.

Apresentaremos, a seguir, os materiais utilizados e os gêneros textuais nas propostas de cada aula. Primeiro gênero textual: ficha de Acompanhamento individual do aluno (*Ficha de Acompañamiento individual del alumno*). Jogos de alfabeto e números.

Figura 8 – Ficha de Acompanhamento do aluno

| Nombre: _____ Apellido: _____ |
| Serie _____ Clase _____ Turno _____ |
| Fecha de nacimiento: _____/_____/_____ |
| Nacionalidad:_____ UF: _____Sexo ( ) M ( ) F |
| Nombre de la madre:_____ |
| Nombre del padre: _____ |

Fonte: acervo da pesquisadora (2016)

Figura 9 – Alfabeto em Libras

Fonte: acervo da pesquisadora (2016)

Figura 10 – Alfabeto com acréscimo do Ñ

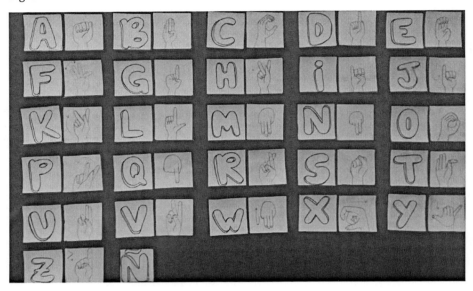

Fonte: acervo da pesquisadora (2016)

Figura 11 – Números Cardinais

Fonte: acervo da pesquisadora (2016)

Figura 12 – Números Quantitativos

Fonte: acervo da pesquisadora (2016)

Primeiramente, pensamos em uma ficha de acompanhamento individual do aluno, igual à da escola, que a família preenche no ato da matrícula. Após visitarmos a escola e depois de longas e produtivas conversas com a professora de Espanhol e a Intérprete, elaboramos esta ficha mais simples, com alguns dados somente. Mesmo assim, as alunas surdas tiveram bastante dificuldade para preencher. As deixamos como foram elaboradas, sem correções, sem interferências. O resultado desta produção estará relatado na análise no próximo capítulo.

Quanto à questão da diferença da letra "ñ", pedimos para a intérprete explicar que o alfabeto espanhol tem esta letra a mais e que o sinal para ela é o sinal do "n" balançando com a posição de mão como N, para baixo, movendo de um lado para outro. Eles consideraram bem interessante e afirmaram não ter tido esta explicação antes.

Segundo gênero textual: Calendário (*Calendario*). Jogos de números, dias da semana e meses do ano.

Figura 13 – Calendário produzido por uma aluna surda

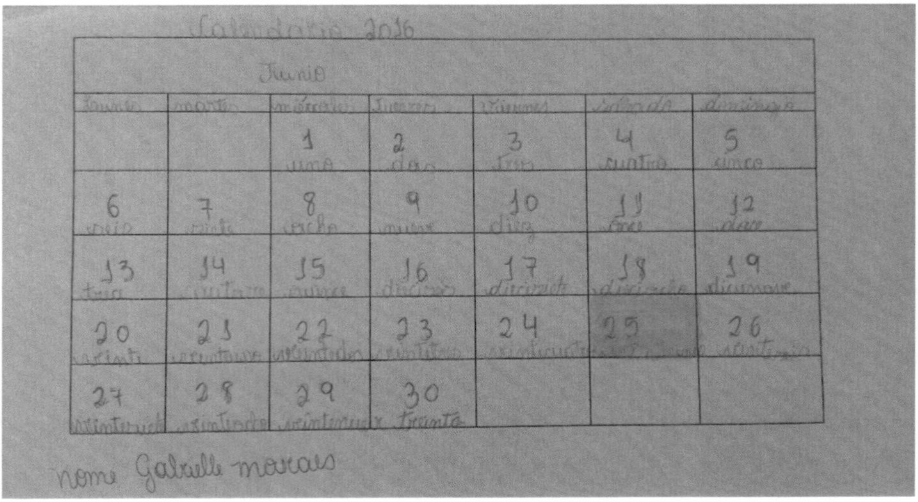

Fonte: acervo da pesquisadora (2016)

Figura 14 – Números

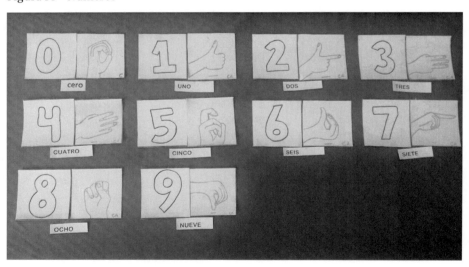

Fonte: acervo da pesquisadora (2016)

Figura 15 – Dias da semana

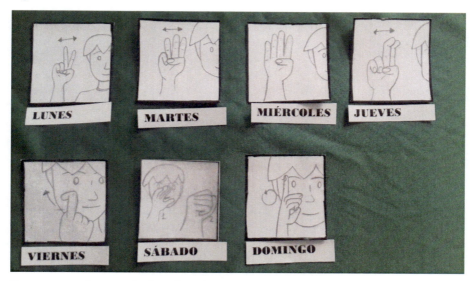

Fonte: acervo da pesquisadora (2016)

Figura 16 – Dias da semana com imagens

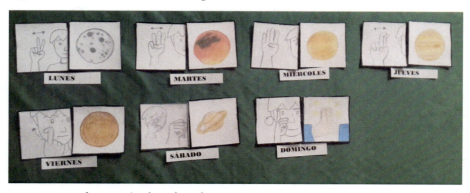

Fonte: acervo da pesquisadora (2016)

Figura 17 – Meses do ano

Fonte: acervo da pesquisadora (2016)

Quando ensinamos os números em Língua Espanhola, explicamos que é cultural nos países hispanohablantes a relação entre os dias da semana com planetas e a lua.

De acordo com a *Revista Brasil Escola*:

> Em Português, o nome dos dias da semana derivou do latim eclesiástico (Latim que era utilizado na celebração Católica) e por isso remetem aos dias da semana da Páscoa. Mais tarde, o dia de descanso dos cristãos foi transferido do Sábado para o Domingo e este foi acrescentado formando os sete dias da semana. Já no Espanhol e em outras línguas, os dias da semana remetem aos astros (Lua, Marte, Mercúrio, Júpiter, Vênus). Porém, o Espanhol é o único idioma que conserva a influência católica do Sábado e do Domingo (Brasil Escola *online*, acesso em 10/11/2016).

Em espanhol, os dias da semana são: *Lunes, Martes, Miércoles, Jueves, Viernes, Sábado e Domingo*.

A explicação recorrente é que segunda-feira se refere à Lua. Terça-feira ao planeta Marte. Quarta-feira ao planeta Mercúrio. Quinta-feira à Júpiter. Sexta-feira à Vênus. Sábado à Saturno e Domingo é dia do Senhor, dia de descanso, de adoração, de ir à igreja, um dia propício para festas e encontros familiares e de agradecer, por isso, julgamos coerente a representação dada no jogo no dia de domingo. Fazendo uma relação com a Língua Inglesa, temos *Sunday* como dia do sol relacionando-se ao Rei Sol do Sistema Solar.

Terceiro gênero textual: Cardápio (*Carta de frutas*). Jogos: cores e frutas.

Figura 18 – Cardápio de uma aluna surda

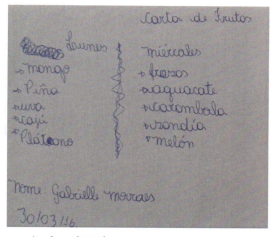

Fonte: acervo da pesquisadora (2016)

Figura 19 – Frutas

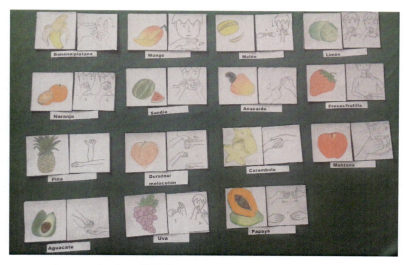

Fonte: acervo da pesquisadora (2016)

85

Figura 20 – Cores

Fonte: acervo da pesquisadora (2016)

Tanto o vocabulário de frutas, como o vocabulário de cores, varia de uma região para outra do Brasil. Por exemplo, para as alunas surdas em sala de aula, o sinal da fruta "pêssego" (*durazno/melocotón*) era o desenho de um coração unindo as mãos. Elas consideraram interessante conhecer outro sinal para a fruta, como veremos na análise no próximo capítulo. Trabalhamos somente com cores básicas ou que apareciam nas frutas que usamos para o cardápio.

Todo o material utilizado foi fotocopiado e reproduzido três vezes, para que, assim, pudesse ser usado nos grupos para que todos os alunos, surdos e ouvintes, tivessem acesso às peças, ao vocabulário, e pudessem anotar em seus cadernos e produzir seus gêneros textuais, sendo, então, um material original e três copias.

Acreditamos que, desta forma, a interação e o conhecimento por eles adquirido tornou-se mais práticos e reais. Ressaltamos que este material também poderá ser usado em sala de aula sem alunos surdos, pois há o vocabulário em espanhol e os desenhos, além disso, os sinais em Libras poderão ser usados para que os alunos conheçam esta língua e, caso ainda não o façam, respeitem as pessoas que fazem uso dela.

A análise dos dados se deu abordando as teorias apresentadas no capítulo II deste livro. No capítulo IV, apresentaremos a análise das aulas, baseadas nas teorias estudadas, com uma proposta do material didático-pedagógico bilíngue e as relações surgidas a partir desta abordagem interacionista.

CAPÍTULO IV

Por el otro, nos hacemos a nosotros mismos.
Lev Vygotsky

Um novo olhar sobre os gêneros textuais e a interação

Neste capítulo apresentaremos a análise e discussão dos dados obtidos a partir da aplicação do material elaborado no projeto piloto, nas aulas ministradas pela professora da disciplina de Língua Espanhola, do 2º e 3º anos do Ensino Médio, no período de 11 de março a 01 de abril de 2016, na Escola Estadual Dom Bosco em Lucas do Rio Verde, Mato Grosso.

Discussão e análise dos dados

ANÁLISES DAS AULAS DE LÍNGUA ESPANHOLA

Primeira aula- turma de Ensino Médio: 2º J

Gênero textual: ficha de acompanhamento individual do aluno (Ficha de Acompañamiento individual del alumno)

Durante toda a aula, a intérprete esteve em sala fazendo a interpretação dos sinais em Libras para a aluna surda. A professora iniciou a aula explicando aos alunos sobre a aplicação do material e partiu imediatamente para a explicação do gênero textual a ser utilizado naquele dia. O primeiro gênero foi a Ficha de Identificação do Aluno. A intenção era que os alunos surdos conseguissem, a partir desta prática, preencher sua própria ficha na escola, ou na sala, ficha para algum cadastro na internet ou mesmo para se inscrever em algum curso ou trabalho pelo qual tivessem interesse, explicando:

> PE[9]: Sabem a ficha que vocês fazem em uma loja quando vão comprar alguma coisa, ou fazer um cadastro na internet? Esta ficha é mais ou menos assim[...] O que muda desta ficha para a outra ficha de outro gênero textual que vocês já estão acostumados a fazer? É que as informações que estão sendo

---
[9] PE: Professora de Espanhol.

pedidas nesta ficha estão escritas em Língua Espanhola. E o que pede aqui são coisas simples para vocês que ouvem e trazem as recordações das aulas de Língua Espanhola desde o primeiro ano, que é dizer assim: *¿Cuál es el nombre de ustedes? ¿ Cuáles son sus apellidos?* (informação verbal).

A professora fez toda a apresentação de utilização do gênero textual e, após isso, fez uma revisão sobre o conteúdo que seria utilizado para o uso do gênero textual a ser desenvolvido. Colocou no quadro um resumo geral com as perguntas referentes à ficha: *"¿Cuál es tu nombre? ¿Cuál es tu apellido? ¿Dónde vives? ¿Cómo se llama su padre? ¿Cómo se llama su madre? ¿Cuál es tu fecha de nacimiento? ¿Cuál es tu dirección? ¿En qué año estudias? ¿En qué clase? ¿ Cuál es tu nacionalidad?"*.

A professora explicou o conteúdo em Língua Portuguesa e mantinha contato visual com a aluna S1[10], às vezes aguardava em sua fala, para dar tempo de a intérprete terminar de fazer a interpretação. A interação entre a professora e a aluna se dava por trocas de olhares, não havendo uma relação dialógica de sinais, ou verbais direta com a aprendente.

Esse contato visual é muito importante para o surdo, pois mesmo que a professora não saiba língua de sinais, ela consegue interatuar com a aluna surda por meio da linguagem deste olhar. Na visão de Bakhtin e Volochínov, toda a palavra comporta *duas faces*, ela é determinada tanto pelo fato de que procede de alguém como pelo fato de que se dirige para alguém (BAKHTIN; VOLOCHÍNOV [1929], 2014, p. 117), no caso aqui, a ponte entre aluna e professora, e afirma, ainda:

> A verdadeira substância da língua não é constituída por um sistema abstrato de formas linguísticas nem pela enunciação monológica isolada, nem pelo ato psicológico de sua produção, mas pelo fenômeno social da *interação verbal*, realizada através da *enunciação* ou das *enunciações*. A interação verbal constitui assim, a realidade fundamental da língua (BAKHTIN; VOLOCHÍNOV [1929], 2014, p. 127).

Atuando em sala de aula o tempo todo, a intérprete dirigia-se somente à S1. O contato de olhar, sorriso e interpretação era voltado a ela o tempo todo, assim como algumas brincadeiras, por exemplo: I: "a professora está falando que depois é você que virá à frente explicar, você virá?" (informação verbal).

---

[10] S1: Surda1.

Essa pergunta da intérprete para a S[1] era importante para encorajá-la e mostrar que a professora estava incentivando-a a ir para a frente da turma e fazer a sua apresentação para os colegas, estava desafiando-a.

De acordo com a obra publicada pelo governo federal brasileiro, *O tradutor e intérprete de Língua de Sinais e Língua Portuguesa*, o papel do intérprete será de:

> Realizar a interpretação da língua falada para a língua sinalizada e vice-versa observando os seguintes preceitos éticos: a) confiabilidade (sigilo profissional); b) imparcialidade (o intérprete deve ser neutro e não interferir com opiniões próprias); c) discrição (o intérprete deve estabelecer limites no seu envolvimento durante a atuação); d) distância profissional (o profissional intérprete e sua vida pessoal são separados); e) fidelidade (a interpretação deve ser fiel, o intérprete não pode alterar a informação por querer ajudar ou ter opiniões a respeito de algum assunto, o objetivo da interpretação é passar o que realmente foi dito) (QUADROS, 2004, p. 28).

A partir da explicação, a professora mostrava que eles teriam acesso às fichas com as letras do alfabeto em Libras e o alfabeto escrito em Língua Espanhola. Explicou também a diferença entre o alfabeto da Língua Espanhola e o alfabeto da Língua Portuguesa. A primeira atividade foi montá-lo sobre as mesas nos grupos. Para isso, convidou a aluna S[1] para ir à frente dos colegas e apresentar o alfabeto em Libras, os alunos identificavam os desenhos de suas fichas e, assim, montavam o alfabeto. Depois a S[1] escreveu seu nome na mesa com o alfabeto em Libras.

Mesmo trabalhando com gêneros, o ensino dos componentes estruturais básicos das línguas faz parte do ensino da língua como um todo, "como fenômeno social de interação verbal" (BAKHTIN; VOLOCHÍNOV [1929], 1992, p. 12).

A aluna era muito tímida. Fazia a demonstração dos sinais com um misto de alegria e timidez. Depois de terminado o projeto, em uma entrevista que realizamos, ela disse que, ao mesmo tempo em que achou o máximo estar na frente fazendo os sinais, também tinha muita vergonha e que, quando os colegas pediam para repetir o sinal, ela pensava se era porque não haviam entendido mesmo ou se era só para ela ficar na frente repetindo.

Disse ainda que nunca pensou que estaria à frente ensinando aos colegas algo que ela sabia e ainda que este momento tinha sido muito importante, pois ela percebeu que a Libras é uma língua. Agora não era só para ela comunicar-se com outros surdos, mas também que seus colegas e professores poderiam aprender com ela. Isso a deixou muito motivada.

Essa fala da S[1] resume um dos grandes achados desse trabalho, que a inclusão não é apenas um processo mecânico, em que há um intérprete que traduz uma língua em outra, mas que a valorização da aluna ali, como alguém que, de fato, importa para aquele grupo social, com a qual ele pode aprender e realizar compartilhamentos verdadeiros, significativos para ela.

Percebemos, nesta primeira atividade, que faltavam letras no alfabeto. Por exemplo, para a aluna surda, seriam necessárias duas letras "l" e duas letras "e", só tinha uma de cada. Imediatamente, os seus colegas começaram a copiar os desenhos das letras do alfabeto e da escrita em Libras para completar as letras que faltavam.

Figura 21 – Montagem do nome com o material didático metodológico

Fonte: acervo da pesquisadora (2016)

Após a montagem dos nomes da sala, a professora pediu que cada grupo escolhesse um aluno representante e que este fosse até a frente para fazer o seu nome em Libras. A aluna S[1] foi a representante do seu grupo. Sua alegria era visível, o empoderamento estava em toda a sua ação diante dos colegas.

Dentro da teoria sociointeracionista de Vygotsky, entendemos que o indivíduo primeiro aprende para depois desenvolver-se, e que a zona de desenvolvimento proximal é este período em que o indivíduo já possui certas potencialidades para começar a desenvolver suas habilidades que ainda não se consolidaram, sendo este um espaço de transição e amadurecimento, por isso, a intervenção por meio do jogo e demais atividades são determinantes para que ele se desenvolva. De acordo com Vygotsky, as relações se dão:

> Primeiro no nível social, e, depois, no nível individual; primeiro entre pessoas (interpsicológica), e, depois, no interior da criança (intrapsicológica). Isso se aplica igualmente para atenção voluntária, para a memória lógica e para a formação de conceitos. Todas as funções superiores originam-se das relações reais entre indivíduos humanos (VYGOTSKY, 1998, p. 75).

Desta forma, nesta relação com o outro, o aluno em atividade em sala, como neste jogo, vivenciou experiências que não seriam possíveis experimentar sozinho. O material, portanto, permitiu a criação de uma ZPD e foi um motivo de união, a partir do qual é que se iniciou o laço entre os sujeitos ali envolvidos na interação.

Figura 22 – Aluna S[1] apresentando o seu nome em Libras

Fonte: acervo da pesquisadora (2016)

Nesta sala de aula, no mesmo grupo estavam a S[1] e mais quatro colegas, dois meninos e duas meninas. Em outro grupo, havia uma aluna que sabia língua de sinais por ter uma irmã surda. No terceiro e quarto grupos, não havia nenhum aluno surdo e nenhum aluno que soubesse Libras. Porém, todos tinham que montar um nome na mesa, escolhido por eles, depois representar em Libras para a turma e, em seguida, todos os quatro grupos deveriam montar o alfabeto em Libras e em Língua Espanhola.

A aluna surda se sentia importante neste momento de apresentação em sala de aula. Ao mesmo tempo em que ela explicava aos colegas o que sabia, ela também aprendia algo da Língua Espanhola e da Língua

Portuguesa, aprendizagens que talvez, de outra forma, não aconteceriam. A aprendizagem aqui aconteceu de forma colaborativa e dialógica, pois há trocas entre os sujeitos atuantes.

Um dos princípios fundamentais da alteridade é que o homem, na sua vertente social, tem uma relação de interação e dependência com o outro. Por isso, o "eu" de forma individual só pode existir a partir de um contato com o "outro" (BAKHTIN; VOLOCHÍNOV [1929], 2014, p. 313). Nesta perspectiva, essa aluna experimentou a ação de seu conhecimento em Libras sobre a ação e interação com seu colega, que não conhece Libras e está conhecendo por meio dela.

Quando esta conseguiu interagir com a turma, quando conseguiu perceber a dificuldade que os colegas tinham em relação ao conhecimento que ela possuía e estava experimentando, essa relação de alteridade se constituiu. Isso porque a alteridade permite que ela se coloque no lugar do outro, no lugar de seu colega que agora estava em sua frente na sala, em uma relação baseada no diálogo e no respeito à valorização das diferenças existentes entre ambos. Entre ambos, porque, como veremos nas falas dos colegas, eles se colocavam no lugar da aluna surda também e passaram a percebê-la como alguém capaz de aprender, de tomar atitudes e "até de ensinar". Neste momento, há uma composição externa da imagem da aluna a partir do lugar que ocupa no espaço dialógico da sala de aula, nela, tudo que acontecia era dialógico.

A alteridade está presente intervindo sempre, na ação em sala de aula não é diferente, pois a construção da identidade do indivíduo, ele, surdo ou não, é um movimento em direção ao outro, em que se reconhece de si pelo outro que tanto pode ser pela sociedade como pela cultura.

Durante a montagem do alfabeto nos grupos, os alunos conversavam muito. Quando S^1 tinha dúvidas, perguntava para a intérprete que lhe esclarecia os questionamentos, explicando para o grupo em que ela estava trabalhando.

Ao receberem os materiais no grupo de trabalho da S^1, os alunos abriram os pacotinhos e iniciaram a organização do alfabeto. S^1 participava ativamente, se mostrava encantada com o material. Iniciou montando o alfabeto com configuração manual em Libras, e seus colegas iniciaram montando o alfabeto de letras.

Após a montagem do alfabeto de letras feito por todos nos grupos, a professora então chamou a S^1 para ir à frente e mostrar aos colegas o alfabeto em Libras, para que eles fossem montando os desenhos de Libras em seus grupos de trabalho. Ao iniciar esta montagem, o grupo que ela fazia parte viu que não havia deixado espaço suficiente nas mesas para a montagem completa, então, readaptaram, deixando mais espaço para poderem colocar as demais fichas.

Algumas vezes, quando a S[1] demonstrava, os alunos pediam para repetir. A intérprete pediu que ela ensinasse aos colegas como era o sinal para pedir para repetir. Ela lhes ensinou e, a partir daquele momento, a intérprete não precisou mais ajudar, pois os alunos pediam a S[1], e ela repetia.

Como vimos em Bakhtin (2012) o indivíduo se constitui em relação com o "outro", e este outro desempenha papel importante na construção deste indivíduo. De acordo com a teoria bakhtiniana, não somos adâmicos, por isso, todas as relações dialógicas de sala de aula estão com este sujeito que agora já não é ele mesmo, mas, sim, uma soma de todos que constituíram esse que aí está. Aos poucos, os alunos e a professora da turma passaram a realizar todos os sinais das letras em Libras, copiando a representação que S[1] fazia. Os alunos demoravam um pouco para encontrar os desenhos, às vezes se confundiam e outro colega corrigia, arrumando de acordo com a opção correta.

Enquanto isso acontecia na sala, a S[1] ficava observando os colegas e fazendo sinais com a intérprete, dizendo, por exemplo, que ela estava ansiosa, que dava um frio na barriga e que as suas pernas estavam tremendo. Movia os braços, jogava o cabelo para a frente e para trás. Fechava e abria os punhos, mostrando-se muito nervosa com a situação, ao mesmo tempo via seus colegas tentando fazer os sinais e se divertia com isso. Embora nervosa, S[1] não deixou de fazer as atividades, mostrando superação. A atenção, na sala de aula, era totalmente voltada para ela, talvez por isso passou a ter maior segurança. Bakhtin chama a atenção para a orientação social da enunciação:

> A forma corporal exterior do comportamento social do homem – movimentos de mãos, postura, tom de voz – que habitualmente acompanham o discurso, é determinada pelo fato de ter em conta o auditório presente e, em consequência, pela valorização que lhe é dada (BAKHTIN [1929], 2012, p. 169).

A professora se aproximava dos grupos para ajudar na explicação e ficava fazendo os sinais também. Se movimentava na sala o tempo todo, ajudando, conferindo, perguntando novamente para a S¹. A sua alegria era visível pela satisfação de estar aprendendo também. Ao final do trabalho, quando realizamos a entrevista, disse-nos que não pensava que aprenderia com facilidade e que se questionava em como fazer para ter a S¹ e todos os outros surdos inseridos, e esta pesquisa, na visão dela, serviu para mostrar que é possível trabalhar com este tipo de atividade.

Os grupos de alunos colocaram tudo na sequência solicitada. S¹ questionava os colegas sobre as letras, e eles iam ajudando a organizar.

Após todos terem montado o material com os nomes e o alfabeto nas mesas dos grupos, os alunos foram à frente da turma para apresentar cada um o seu nome em Libras, a professora falava em Língua Espanhola, mas, para isso, a professora de espanhol fez uma técnica diferente. S¹ representava em Libras o seguinte: "Eu sou (o nome dela) e você, qual o seu nome?". Os dois alunos ouvintes que apresentaram seus nomes mostravam-se muito nervosos, o menino ouvinte tremia muito, quando foi fazer a conversação em Libras com S¹, outro aluno da sala gritou: "Já pede o número do telefone dela que você queria" (informação verbal). Foram muitos risos na sala, também da S¹, pois a intérprete traduziu a frase para ela.

Ao término da aula, a professora encerrou dizendo:

> PE: Nós vamos continuar o trabalho na próxima semana. Serão outras atividades. Nas próximas três semanas nós vamos realizar atividades em Língua Espanhola que possam incluir sempre a S¹. Por que? Porque aquilo que a gente faz todos os dias muitas vezes ela não participa por não conseguir se comunicar, então, nestas três próximas semanas, nós vamos fazer assim com o projeto da professora Gil, depois para continuar, nós vamos pensar juntos o que podemos fazer, um outro tipo de atividade que possa ajudá-la. [...] (informação verbal).

A atitude da professora em mostrar aos alunos que aprovou e que gostou do material nos deixou muito animadas, pois ela tem papel fundamental no processo de construção do sujeito. De acordo com Aquino:

> O professor será aquele que vai passar segurança e motivar a nossa investigação, ou seja, ele terá a função de orientar a investigação, colocar questões para que ela progrida, auxiliar com o fornecimento de fontes e informações, assim como colocar desafio para que o aluno perceba as diferentes perspectivas possíveis do problema (AQUINO, 2007, p. 81).

O professor de Língua Estrangeira, neste trabalho, especificamente de Língua Espanhola, precisa buscar formas de atender os alunos em sala de aula, não usando somente o livro didático, mas também materiais tecnológicos que estão ao alcance dos alunos e dela, na escola. Precisa também estar em constante formação. Por ser interior e não haver Curso de Libras, no qual o professor possa se qualificar, o atendimento aos alunos surdos acaba, por vezes, comprometido. Por isso, pensamos neste material, para que, talvez, ele pudesse fornecer meios de ensino-aprendizagem bilíngue e o trabalho de Língua Espanhola em sala não fosse só um momento em que estas alunas estivessem ali inertes, sem aprender nada, mas, sim, que a aprendizagem fosse significativa para elas, como foi.

O fato de a professora, no caso específico desta, estar aberta a este novo trabalho, a esta experimentação, muito nos motiva, pois, muitas vezes, ele fica comprometido por não haver abertura para o seu desenvolvimento. De acordo com a teoria bakhtiniana, a compreensão responsiva, a "resposta" da professora sobre a aula, o material, a inclusão da aluna e sobre a pesquisa como um todo foi muito positiva.

Sobre a formação continuada e sua importância na vida do professor, Celani afirma que há

> [...] a necessidade de um processo longo e continuado, conjugado estreitamente com a prática de sala de aula, no qual a transmissão de conhecimento ocupa posição de menor destaque, privilegiando-se o desenvolvimento de um processo reflexivo que, fatalmente, exigirá mudanças em representações, crenças e práticas (CELANI, 2003, p. 104).

Diante desta afirmação, analisamos que a participação de professores em pesquisas e práticas inovadoras na educação é cada vez mais urgente. Porém, percebemos que, por parte de alguns deles, há vontade de realizar ações diferentes. Todavia, muitas vezes, não se sabe como fazê-lo ou, ainda, não há a oportunidade para tal.

No caso, a professora em questão é uma pessoa que estava em constante busca e aperfeiçoamento. Talvez por isso a prática de aplicação deste projeto piloto não teve nenhum imprevisto ou empecilho. Pelo contrário, todas as aulas foram ministradas de acordo com o planejamento e a interação dela com os alunos mostrou que estava muito empolgada com a possibilidade de poder ajudar as alunas surdas e a perspectiva de algo novo a encantava.

Figura 23 – Gênero textual 1. Ficha de identificação do aluno S[1]

Fonte: acervo da Pesquisadora (2016)

Segunda aula – turma de Ensino Médio 2º J

Gênero textual: Calendário (Calendario)

O segundo gênero textual a ser trabalhado foi o calendário. A professora iniciou a aula explicando sobre este. Produziu no quadro um calendário em espanhol e marcou a data do seu aniversário, para que os alunos fizessem o mesmo. Explicou que as palavras estavam em espanhol e deveriam ser completadas em espanhol. Cada aluno iria escolher para fazer o mês que preferisse, poderia ser como o dela do quadro, o mês do seu aniversário, para o qual escreveu *cumpleãnos*.

Para esta atividade, foram utilizados os materiais produzidos com números, meses do ano e dias da semana. A professora entregou as fichas aos grupos que já estavam separados em três. O primeiro foi o jogo de números, o segundo o dos dias da semana, e o terceiro, dos meses do ano. Compostos da mesma forma: escrita em Libras, escrita em Língua Espanhola e o desenho do objeto.

A professora solicitou que cada um colocasse no seu calendário a data do seu aniversário. Poderiam pintar o dia ou enfeitá-lo como quisessem. Depois da confecção dos calendários individualmente, cada grupo deveria escolher uma pessoa para ir à frente e apresentar o calendário em Libras com os dados solicitados na atividade.

Durante o trabalho, uma colega da S[1] se comunicava em Libras com ela. Mas a maior parte do tempo ela buscava auxílio da intérprete.

Figura 24 – Atividade com gênero textual Calendário

Fonte: acervo da Pesquisadora (2016)

O jogo pode propiciar diferentes e infinitas formas de interação, percebendo o uso coletivo dele e tornando-o atraente a quem o manuseia. Enquanto o aluno faz uso do jogo, interage com o outro, está sendo percebido pelo outro que o percebe também como alguém capaz; isso torna o jogo uma atividade cooperativa em sala de aula. No jogo, o indivíduo precisa entender e ser entendido pelo outro, mesmo que seja sem falar o mesmo idioma e havendo diferentes níveis de desenvolvimento. Ainda assim, isso contribui para a realização das atividades e para a construção do conhecimento. Então:

> Duas características da ZDP têm relação direta com a nossa preocupação geral com a unificação da mente cultural e computacional através da linguagem. A primeira delas é que a ZDP pode ser natural ou deliberadamente construída, desde que reflita uma diferença entre o crescimento real e potencial. Com certeza as tarefas escolares apresentam essa diferença, mas pode ocorrer com qualquer estruturação prática, corriqueira, e também com o jogo. [...] A segunda característica é a estrutura mais fina da ZDP, a qual deve ser intersubjetiva, porém assimétrica. Quanto à intersubjetividade, um indivíduo deve se envolver em atenção conjunta

> com pelo menos um "outro"; ao descontar suas diferenças e, dessa forma, obter funcionalmente uma definição compartilhada da situação, eles têm intersubjetividade e perspectivas de crescimento on-line. Quanto à assimetria, uma pessoa deve ser mais capaz na tarefa e, portanto, levar o outro além do nível real do crescimento. O importante é que tanto a intersubjetividade como a assimetria podem ser construídas e mantidas pela linguagem (FRAWLEY, 2000, p. 102).

As diferentes formas de jogar iriam depender de um aluno para outro, de uma sala para outra, pois estariam diretamente relacionadas com a interação e o espaço que cada um se apropria. Como o aluno não estaria só, ele teria que contar, durante o jogo, com o fator surpresa, pois não saberia como seria a reação do colega e nem o seu desenvolvimento para, após o jogo, realizar a atividade.

Esse processo de construção do conhecimento do jogo e da interação para aprendizagem aconteceu de forma muito natural, não podia ser mecânica ou ensaiada, as observações realizadas em sala de aula comprovaram que, em alguns momentos, eles até esqueciam que a colega era surda ou que eles estavam aprendendo com o jogo.

Em um grupo em que havia mais meninos, eles começaram a contar em inglês. A professora, então, iniciou a contagem em espanhol em voz alta. S[1] perguntou à intérprete por que estavam rindo, ela lhe explicou. Deixava que S[1] resolvesse o seu calendário sozinha e a mesma olhava o dos colegas e ia preenchendo o seu.

As meninas do grupo da S[1] eram bem interativas, realizavam comunicação constante entre si. Já dos meninos, só um participava ativamente e se comunicava com ela.

A professora comunicou que eles podiam olhar o seu mês no celular, o que, para a S[1], pareceu ser um alívio. Ela se mostrava muito mais segura para realizar a atividade. Pegou o celular na sua bolsa e buscou o mês de seu aniversário, iniciando o trabalho, neste momento, a aula saiu do processo de oralidade e passou a usar a tecnologia como auxílio, deixando a aluna mais segura.

Conversando com a Intérprete após a aula, esta relatou-nos que S[1] ficou muito feliz em identificar a sua data de aniversário e que, na visão dela, esta experiência com o jogo e o gênero textual foi muito significativa para ela.

Figura 25 – Gênero textual 2. Calendário

Fonte: acervo da pesquisadora (2016)

De acordo com Goulart, é possível haver, em sala de aula, aprendizagem significativa. Nas palavras do autor:

> [...] uma aprendizagem deve ser significativa, isto é, deve ser algo significante, pleno de sentido, experiencial, para a pessoa que aprende. [...] Rogers caracterizou a aprendizagem significativa como auto iniciada, penetrante, avaliada pelo educando e marcada pelo desenvolvimento pessoal (GOULART, 2000, p. 102).

Observando os relatos e as observações feitas pela professora, pela intérprete e pelos alunos, percebemos que as experiências realizadas com a aplicação do material produzido e os gêneros textuais foi significativa para os alunos atendidos.

Após todos terminarem, S[1] ia à frente da sala e mostrava como eram os meses do ano e os números em Libras para toda a turma, que organizava os jogos em suas mesas. A professora falava o vocabulário em Língua Espanhola e, na sequência, a S[1] fazia o sinal. Na mesa de seu grupo, já estava tudo organizado em ordem. Antes de ir, ela fazia um repasse com a intérprete de todos os sinais. Mostrava à intérprete que está nervosa, tremendo e assumia seu posto, neste dia, o de ensinar a seus colegas.

Figura 26 – Gênero textual 2. Calendário. Apresentação de S[1]

Fonte: acervo da Pesquisadora (2016)

A intérprete explicava aos alunos a diferença entre um e primeiro, já que nos jogos deles havia dois sinais e dois números. Porém, S[1] apresentava somente os números cardinais.

Após mostrar todos os números, meses do ano e dias da semana, a professora pediu que S[1] desse uma olhada nos grupos que já estavam com os jogos organizados para ver se estava tudo certo. Ela passava então, de grupo em grupo, corrigindo um deles e aparentava estar mais segura, tranquila, feliz, parecia que se divertia com a conferência.

Terminado tudo, a professora pediu palmas em Libras para S[1], ao que a turma imediatamente respondeu. Percebemos que, neste momento, a S[1] se mostrava tímida, mas muito sorridente.

Figura 27 – Gênero textual 2. Calendário. Dias da semana

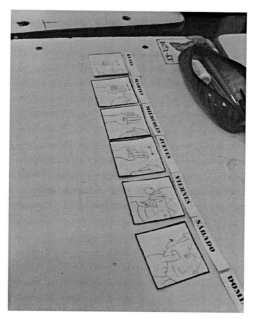

Fonte: acervo da pesquisadora (2016)

Terceiro dia – turma de Ensino Médio 2º J

Gênero textual: *Carta de frutas* **(Cardápio)**

A professora inicia a aula explicando sobre o gênero textual *carta de frutas*:

> PE: Hoje nós vamos trabalhar com outro gênero textual, fizemos o primeiro que foi com a ficha do aluno, semana passada trabalhamos com o calendário, estão lembrados? E nesta semana nós vamos trabalhar com o gênero textual que é carta de frutas, em português, um cardápio, um cardápio de frutas. No que que consiste aqui? Nós vamos escolher um dia da semana, que vocês já conheceram na semana passada. Aliás um não, desculpe, dois dias da semana e eu vou distribuir a vocês frutas e cores. As frutas desenhadas e os nomes, vocês vão colocar o nome em espanhol embaixo da fruta e nós também vamos ter ali, o símbolo, a letra, a forma de representar esta fruta com o sinal de Libras. Vocês também, depois que a S¹ vier

aqui fazer o gesto, vão montar em Libras nas frutas que vocês tiverem no grupo de vocês. Após feito esta parte da atividade, o que é que vocês vão fazer? Vocês vão montar um cardápio com as frutas que vocês tiverem em mãos para servir na merenda em dois dias da semana, de segunda até sexta. Um aluno pergunta: e esse cardápio vai valer? Ao que ela responde: PE: Bom aí a gente leva como sugestão. Eu não creio que vai valer porque tem frutas aqui que não tem como trazer para a merenda, por exemplo: nós não temos como trazer morango, pêssego, uva e assim por diante, mas nós vamos conhecer. Então, é uma sugestão de uma carta de frutas. Eu vou colocar aqui o que vocês precisam colocar no cabeçalho. Vamos recordar juntos os dias da semana para que vocês montem o cardápio de vocês. Aí depois cada grupo vem e apresenta o seu. [...] (informação verbal).

A aluna S[1] prestava atenção à intérprete, que ia lhe explicando tudo. Após a professora parar de explicar, começava a distribuir os materiais na sala. S[1] ficava observando, enquanto os seus colegas do grupo conversavam sobre a atividade. Ela, então, pegava um dos pacotes e começava a espalhar na mesa, organizando as cores, nisso os colegas começavam a fazer o mesmo com os demais jogos. Começavam a perguntar a ela como eram os sinais de cada coisa, ao que ela ia fazendo.

A professora fez um ditado de fruta dando o significado em português ou mostrando o desenho para que todos tivessem na mesma ordem, facilitando, desta forma, a apresentação sequencial da S[1] e realizava o mesmo procedimento com as cores.

Após os alunos organizarem a sequência em espanhol nas suas mesas, a professora pediu que S[1] fosse à frente para mostrar aos colegas os sinais em Libras. Ela fazia o sinal e os alunos tinham que adivinhar que fruta era. Parecia muito mais desinibida, à vontade em frente a seus colegas, comparando com o primeiro dia, da primeira atividade. Os colegas também brincavam mais, pediam para repetir, repetiam os gestos e se divertiam aprendendo.

Figura 28 – Gênero textual 3. Cardápio

Fonte: acervo da pesquisadora (2016)

Figura 29 – Gênero textual 3. Cardápio. Frutas e cores. Montagem em Grupos

Fonte: acervo da Pesquisadora (2016)

Figura 30 – Gênero textual 3. Cardápio. Interpretação e montagem em grupos

Fonte: acervo da pesquisadora (2016)

Na última atividade, S¹ mostrou-se mais tranquila do que em todas as outras. Ao final da aula, como era o último dia do projeto, a professora pediu que cada grupo apresentasse à frente os dias da semana e as frutas, o restante da sala tinha que dizer a quais dias se referiam e quais eram as frutas apresentadas pelos alunos. S¹ ficou na frente com os colegas o tempo todo, ajudava a sinalizar, corrigia, repetia para os colegas fazer também. "Aprender uma língua através de suas unidades básicas, de forma estanque e descontextualizada, não leva a um aprendizado satisfatório, ou mesmo leva ao fracasso, em termos escolares" (DUARTE; PADILHA, 2012, p. 3), por isso, consideramos este trabalho de pesquisa relevante para a aprendizagem dos alunos surdos e dos ouvintes em processo de interação.

Figura 31 – Gênero textual 3. Cardápio. Interpretação e montagem em grupos

Fonte: acervo da pesquisadora (2016)

Figura 32 – Gênero textual 3. Cardápio. Representação de cores e frutas

Fonte: acervo da pesquisadora (2016)

Figura 33 – Encerramento da aplicação da Pesquisa com o 2º J. Vespertino

Fonte: acervo da pesquisadora (2016)

Primeira aula 3º G – turma de Ensino Médio

Gênero Textual: ficha de acompanhamento individual do aluno (Ficha de Ficha de Acompañamiento individual del alumno)

No terceiro ano, tínhamos duas alunas surdas, durante esta análise, as nomearemos como S^2 e S^3. Trabalharam na sala da mesma forma que no segundo ano, a professora de espanhol e a intérprete. Na disposição da sala, estava uma aluna surda em um grupo e outra em outro. Um grupo não tinha nenhum surdo, dos três grupos organizados na sala.

A primeira atividade foi de produção do gênero textual ficha de acompanhamento do aluno. Para tal, os alunos precisavam montar o alfabeto na sequência e depois em Libras.

Como são alunos de terceiro ano e estudam há mais tempo juntos, a turma era mais concentrada, as alunas surdas já eram mais entrosadas com os colegas. As duas não estavam alfabetizadas, de acordo com as informações da intérprete, conheciam um pouco do vocabulário de Língua Portuguesa, mas de Língua Espanhola não conheciam nada. A sala era permeada por maior silêncio e organização.

Devido aos fatores já mencionados, a revisão era mais rápida, fácil e tranquila para os alunos e para a professora de espanhol.

A aluna S² tinha um grupo mais participativo e interessado em compartilhar experiência com ela, o grupo da S³ já era mais tímido, mais individualista. Aos poucos, os dois grupos foram interagindo e, por diversas vezes, não parecia que havia aluno surdo no grupo, que era a interação destes. Em vários momentos, estavam todos nos grupos fazendo os sinais que as surdas faziam, de acordo com os desenhos e o vocabulário em espanhol.

Bakhtin explica que:

> Eu devo entrar em empatia com esse outro indivíduo, ver axiologicamente o mundo de dentro dele tal qual ele o vê, colocar-me no lugar dele e, depois de ter retomado ao meu lugar, completar o horizonte dele como excedente de visão que desse meu lugar se descortina fora dele, convertê-lo, criar para ele um ambiente concludente a partir desse excedente da minha visão, do meu conhecimento, da minha vontade e do meu sentimento (BAKHTIN [1929], 2006, p. 23).

Dessa forma interativa entre os sujeitos, nesse sair de si e depois voltar ao seu lugar único, relacionando com a relação de alteridade em que um sujeito constitui o outro diante de uma compreensão mútua, pode ocorrer uma possibilidade de produção e/ou construção de conhecimento, que foi um dos objetivos desta pesquisa.

Figura 34 – Gênero textual 1. Ficha Individual do aluno, Montagem do alfabeto

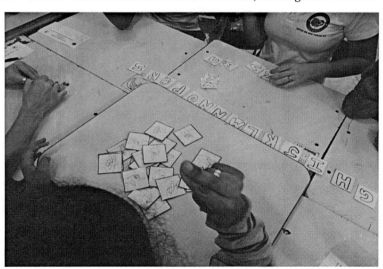

Fonte: acervo da pesquisadora (2016)

Da mesma forma que no segundo ano, na hora de escrever os nomes, foram escolhidos os das alunas surdas. Em dado momento, uma colega disse no grupo:

> O1: Eu nunca vi ela (referindo-se a aluna S²) participando assim. Ela tem tanta facilidade para fazer os sinais em Libras, os dedos dela parece que dançam e eu mal consigo fazer uma letra. Ela faz bem rápido. Eu gostei muito desta atividade, acho que ela está gostando também. Agora vou tentar aprender a me comunicar assim com ela. É muito divertido (informação verbal).

Em analogia com este contexto, tomamos Bakhtin, ao afirmar que:

> [...] o autor deve situar-se fora de si mesmo, viver a si mesmo num plano diferente daquele em que vivemos efetivamente nossa vida; essa é a condição expressa para que ele possa completar-se até formar um todo, graças a valores que são transcendentes à sua vida, vivida internamente, e que lhe asseguram o acabamento. Ele deve tornar-se outro relativamente a si mesmo, ver-se pelos olhos de outro (BAKHTIN, [1929] 1992, p. 36).

Podemos perceber que este termo usado por Bakhtin, "tornar-se outro", era muito bem vivenciado pelas alunas em questão. No momento em que a aluna ouvinte sentia que a colega surda estava vivenciando experiências novas e estava feliz com isso, colocava-se no lugar dela como parte do processo de aprendizagem, interação e produção de conhecimento. Esse olhar exterior que a colega ouvinte fez da colega surda era a visão que ela mesma-surda não tinha dela própria a exotopia fundamentada na prática de sala de aula.

Segunda e Terceira aula 3º G – turma de Ensino Médio

Na segunda aula com o terceiro ano, a professora de espanhol conseguiu reunir duas aulas. Trabalhando com aulas geminadas, o conteúdo foi melhor aplicado, pois não houve interrupção, os alunos se concentraram melhor e, assim, foi possível trabalhar com dois gêneros textuais e terminar as aplicações do material preparado para as duas aulas.

Primeiramente, foi trabalhado o Gênero textual calendário, posteriormente com a carta de frutas. Quando a professora distribuiu as fichas para que eles organizassem nas mesas com as palavras em espanhol, as alunas surdas imediatamente começaram a montar as peças. Demonstravam curiosidade em realizar tudo, ver todas as fichas, mostravam aos outros alunos do grupo, faziam o sinal. A aluna S^2 era a mais entusiasmada. Ensinava aos colegas fazer os sinais em Libras, mesmo antes de a professora dizer que o fizesse e perguntava, mostrando os desenhos, onde estava escrita aquela fruta em Língua Espanhola.

A aluna S^3 pedia mais o auxílio da intérprete do que a S^2. Mesmo assim pediam menos que a S^1 do segundo ano. A interação delas com os seus grupos também já se percebia mais consolidada. Alguns colegas, já nas primeiras atividades, arriscavam-se a fazer os sinais e perguntavam (com gestos) a elas se estava certo. Elas se mostravam muito animadas para responder e ensinar. A professora também se dedicou a aprender os sinais, mostrava a S^3 e ela a corrigia ou a incentivava fazendo sinal de "ok". Referente a este trabalho da professora que agora já não oralizava tanto com as alunas, Fernandes afirma que:

> O contexto educacional está organizado de forma que todas as interações são realizadas pela oralidade, o que coloca os alunos surdos em extrema desvantagem nas relações de poderes e saberes instaurados em sala de aula, relegando-os a ocupar o eterno "lugar" do desconhecimento, do erro, da ignorância, da ineficiência, do eternizado não-saber nas práticas linguísticas (FERNANDES, 2006, p. 6).

Ressaltamos aqui a importância da professora neste projeto piloto da sala de aula. Se antes ela oralizava muito, talvez por não conhecer outra forma de trabalhar com as alunas surdas, agora ela aprendia com os alunos, participava, interagia, questionava, instigava. Fazendo isso, conseguia fazer com que seus alunos participassem com maior afinco das atividades. Ensinar o aluno, aprender com ele e problematizar corrobora com Freire quando este afirma que:

> Daí então, que a nossa presença no mundo, implicando escolha e decisão, não seja uma presença neutra. A capacidade de observar, de comparar, de avaliar para, decidindo, escolher, com o que, intervindo na vida da cidade, exercemos nossa cidadania, se erige então como uma competência fundamental (FREIRE, 2000, p. 33).

A professora em questão apresentava esta competência sobre a qual nos instiga a experimentar Paulo Freire.

Segundo Carvalho e Barbosa (2008), um ambiente de colaboração em que as atividades são compartilhadas entre surdos e ouvintes é o ideal para que aconteça o processo de inclusão, pois, assim, serão respeitadas e aceitas as diferenças individuais. Esse ambiente de colaboração, acreditamos, aconteceu nas aulas observadas, com o uso do material didático em questão.

Figura 35 – Gênero textual 3. Cardápio (Carta de Frutas) Ficha cores e frutas

Fonte: acervo da pesquisadora (2016)

Surgiu, na sala de aula, uma discussão sobre a próxima semana de aulas, pois a professora havia dito aos alunos que os dispensaria da próxima aula de espanhol. Eles ficaram tranquilos, mas não haviam se dado conta, até aquele momento, que na próxima semana seria feriado. Somente quando foram montar o calendário é que perceberam que, na verdade, não seria uma dispensa e sim um feriado. Um aluno, então, começou a brincar com a professora dizendo que ela os estava enganando, que na verdade era feriado. Todos os alunos entraram na brincadeira e a professora também, os alunos e a professora riam muito, conversavam ao mesmo tempo e as S² e S³ ficavam olhando a todos, expressavam um sorriso leve, mas não entendiam nada do que estava acontecendo. Neste momento, a intérprete explicou a elas por que estavam rindo e elas riram também, mas logo voltaram às suas atividades com o calendário, concentrando-se no que estavam realizando, com uma determinação em terminar tudo, pareciam curiosas por ver tudo pronto na mesa.

Essa "atitude efetiva e interessada" precisa ser trabalhada na relação de professora e aluna, alunos e alunas e demais atores da sala de aula, trabalhando a inclusão. Se a escola deve incluir, então os partícipes devem buscar meios de fazer com que essa inclusão aconteça sem traumas, sem que os atores se sintam acusados ou acuados. A inclusão que queremos nas escolas deve vir de propostas da própria escola, que é quem convive com o aluno diariamente e onde se constrói o sujeito aprendente, seja ele professor, seja aluno, ou, dialogicamente, ambos. Para Duarte, é

> [...] passada a hora de entendermos e convivermos com as diferenças culturais entre nossos pares, as características que norteiam a cultura do meu outro, aqui destacamos a comunidade visual. As barreiras linguísticas só podem ser ultrapassadas se ambos, ouvintes e visuais, encontrarem a chave para o processo de entendimento e comungarem o aprender de novos sentidos de forma coletiva (DUARTE, 2016, p. 282).

Figura 36 – Gênero textual 2. Calendário. Observação dos colegas

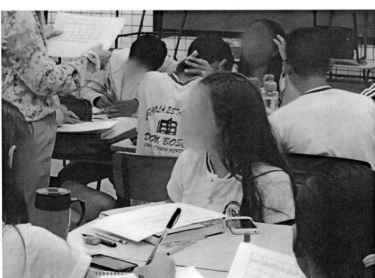

Fonte: acervo da pesquisadora (2016)

Figura 37 – Gênero textual 3. Cardápio. (Carta de frutas) Interação

Fonte: acervo da pesquisadora (2016)

Após todos terem terminado de fazer os seus calendários com as datas de seus aniversários e demais dados em Língua Espanhola, a professora pediu que S² e S ³ fossem à frente. A proposta foi a de que elas apresentassem para os colegas em Libras a data de seus aniversários. Os colegas repetiam os sinais. Foram as duas juntas.

Primeiro uma apresentou, os colegas tinham que dizer quais eram os dias e o ano que elas estavam apresentando em Língua Espanhola e a professora acompanhava para ver se os vocabulários estavam corretos. Pareciam muito tranquilas e felizes em estar em frente aos colegas representando a língua que elas usavam, que elas conheciam e que os colegas tinham a oportunidade de aprender com elas. Neste momento único em sala de aula, a LIBRAS é viva, é a língua materna em ação e é respeitada e admirada pelo auditório, não saberíamos afirmar, mas acreditamos que independentemente da língua estrangeira a ser trabalhada com Libras, as alunas atingiriam mais sucesso que o esperado.

Ao final de cada apresentação, os colegas faziam palmas em Libras. Sobre esta identificação com o outro, Bakhtin afirma que:

> [...] após nos termos identificado com o outro, devemos voltar a nós mesmos, recuperar nosso próprio lugar fora daquele que sofre, sendo somente então que o material recolhido com a identificação poderá ser pensado nos planos ético, cognitivo ou estético. Se não houver essa volta a si mesmo, fica-se diante de um fenômeno patológico que consiste em viver a dor alheia como a própria dor, de um fenômeno de contaminação pela dor alheia, e nada mais (BAKHTIN, [1929] 1992, p. 46).

Referindo-se à dor alheia, remetemo-nos ao sentimento alheio. Podemos perceber, nas fotos, os sorrisos, os olhares para o outro, a atenção, a admiração com que os colegas olhavam para as alunas surdas que, talvez, até então, não tivessem sido percebidas por eles, vivendo a sua dor, o seu afastamento deste contexto escolar. Nesse momento, percebidas de forma espontânea e em interação com os colegas, que sempre estiveram ali, mas que não as identificavam como este outro capaz de atuar e até mesmo ensinar. Esse compartilhar experiências entre Libras e Língua Espanhola foi de grande valia, com certeza, as aulas de LE nunca mais seriam iguais, como nossos enunciados, novos, dinâmicos, reais.

Figura 38 – Gênero textual 3. Cardápio. Apresentação em Libras

Fonte: acervo da pesquisadora (2016)

O segundo gênero textual trabalhado foi o cardápio, *carta de frutas*. Para a realização das atividades propostas com este gênero textual, a professora usou as cores, as frutas, os dias da semana e os números. Os alunos precisavam escolher dois dias da semana para fazer um cardápio de frutas para a escola. Durante o uso do material nos grupos, os alunos iam perguntando a S^2 e S^3 como eram os sinais, mesmo antes de colocarem todos em ordem com os pares dos jogos. As cores usadas para as frutas também interessaram muito a todos. Mas o olhar de admiração e alegria nos rostos das duas S^2 e S^3 eram incomparáveis.

O que percebemos como recorrente nas duas turmas, em muitos momentos, foi a interação entre as alunas surdas e os colegas ouvintes. Ela foi de muita qualidade, pois a interação não significa apenas estar fisicamente junto a uma turma de ensino regular, mas, de fato, participar, reconhecer e ser reconhecido como parte integrante daquele grupo. Além disso, a aprendizagem ocorreu sem nada ser imposto, forçado, maçante ou simplesmente, obrigatório. Tanto a Língua Estrangeira, quanto a Língua Materna, no caso das alunas surdas, foram aprendidas, modificadas, saboreadas, cheiradas, experimentadas em uma relação gostosa de assistir.

Figura 39 – Foto final da aplicação do material em sala de aula

Fonte: acervo da pesquisadora (2016)

De acordo com alguns conceitos bakhtinianos, o modo de conceber a linguagem como interação é dialógica. A questão exotópica e da alteridade, o compartilhamento de conhecimentos, saberes, a criação da ZPD, enfim, tudo isso junto, em um processo de interação e inclusão, promoveu o ensino de forma totalmente diferenciada e produtiva. Isso será visto na fala dos sujeitos entrevistados, que vem a seguir, no próximo capítulo.

CAPÍTULO V

La gratitud es lo que más nos acerca a Dios.
Miguel de Cervantes

Sentindo, vivenciando e aprendendo com o surdo

Neste capítulo, examinaremos excertos relevantes das entrevistas da professora de Língua Espanhola que trabalhava nas salas das alunas surdas, bem como da intérprete de Libras das salas que estavam sendo analisadas no momento, das quatro alunas surdas e de seis colegas ouvintes, pois acreditamos que é necessário as contextualizar para enriquecimento e embasamento das situações elencadas.

ANÁLISE DAS ENTREVISTAS

Entrevista com a professora de Língua Espanhola

Consideramos pertinente registrarmos algumas partes essenciais da entrevista com a professora de Língua Espanhola da sala de aula, pois tais excertos nos embasaram para perceber a relação da professora com as alunas e o resultado do trabalho bilíngue aplicado em sala de aula.

Trata-se de uma professora com experiência em Ensino Médio, porém nunca havia trabalhado com aluno surdo. Como não sabia LIBRAS, buscou, primeiramente, efetivar a comunicação com as alunas. Pontuou que sempre tentava posicionar-se em frente a elas para que tivessem como fazer leitura labial ou de alguma outra forma entender o que ela estava falando, mesmo que fosse por articulações. Depois que veio a intérprete trabalhar, este trabalho foi amenizado e a comunicação se faziam por meio desta. Uma aluna tinha conhecimento de Libras, pois estudava no Casies, em Cuiabá. As outras alunas tinham um pouco de conhecimento de Libras, mas usavam mais sinais "caseiros". A intérprete as ensinava a língua e, com paciência, como ela mesmo disse, ia ensinando e interpretando.

De acordo com a professora, era urgente fazer algo para auxiliar estas alunas que estavam na sala, mas que ela não sabia como agir para que elas interagissem com os colegas. Observemos uma de suas afirmações:

Excerto 1

E, eu acho que o ponto alto do trabalho para mim, do material foi conseguir incluir as meninas nas atividades. Porque até então, elas ficavam no cantinho delas, copiando aquilo que eu passasse no quadro, exercícios propostos, elas não respondiam nenhum, porque, por mais que a intérprete explicasse, falta o domínio da língua materna, então, para a língua estrangeira, acredito que a dificuldade se amplia, e muito. Então, elas têm, elas não têm o domínio da língua materna, então, a dificuldade para este aluno em língua estrangeira, é imensa, por mais que espanhol seja muito próximo do português. E aí, o material facilitou porque ele tinha figura, elas tinham conhecimento de Libras e os alunos, por dedução, talvez não por conhecimento, mas muito por dedução, por lembrar de palavras, conseguiram colocar o conhecimento em espanhol e pouco precisaram do meu auxílio. Então, eu expliquei a atividade no início e eles desenvolveram juntos (Professora. Entrevista realizada em 01/04/2016) (informação verbal).

Essa aproximação da Língua Portuguesa e a Língua Espanhola, citada pela professora, podia ser um fator positivo para a aprendizagem do aluno surdo, embora ele não precisasse passar pela LP para aprender LE, poderia partir da LM diretamente para a Língua Espanhola.

Visto isso, as alunas entraram em interação com os colegas por meio dos materiais, mesmo sendo em uma língua estrangeira. A partir desta interação, elas entenderam e conseguiram realizar a atividade, o que permitiu afirmar que este material, concebido como um jogo, fez com que a aprendizagem acontecesse.

Resultado este que muito nos empolgou, pois é o aprendizado de uma língua estrangeira, não pelo fato de ser estrangeira, já que essa é uma condição para todos da sala, surdos e ouvintes, mas pelo fato de ser uma outra língua, a língua do outro, que não é a minha, que não é delas, não é também uma língua de sinais. A interação humana supera qualquer bairrismo ou barreira/impedimento cultural ou linguístico, isto ficou comprovado com a aplicação do material em sala de aula.

A professora apresentou sensibilidade ao perceber que antes as alunas só tinham relação a partir da intérprete e que, a partir daí, houve uma relação com ela também, ou seja, não apenas as alunas foram incluídas, mas a professora também, que antes dominava Língua Espanhola e, agora, iniciava um processo de comunicação em Libras também.

A professora argumentou que o governo tem obrigação de se preocupar com a inclusão e que as universidades não preparam os professores para atuar em sala de aula com inclusão.

> Excerto 2
>
> Em todas as salas que a gente entra tem um ou outro aluno com problema. Mais uma vez você se sente impotente. Pois nós não temos informação de nada disso. Não teve uma disciplina na faculdade, tudo bem que talvez eu tenha me formado há treze, catorze anos atrás, seja uma outra época, não se pensava tanto nesta situação da inclusão, mas para ter um tipo de deficiência, seja ela auditiva, intelectual, visual, nós não temos apoio, não temos formação, não temos tempo para o preparo, e ainda, o intérprete que a secretaria de educação contrata, em uma cidade do porte de Lucas do Rio Verde, nós temos uma para três deficientes auditivas. Então, é bastante complicado, e aí a lei permite a redução de número de alunos, mas nós não temos esta redução, nós temos a S[1], por exemplo, que tem ela com a deficiência e mais trinta e dois na sala, né? É uma média...quando vem todos, então, são 33 alunos em uma sala (Professora. Entrevista realizada em 01/04/2016) (informação verbal).

No caso deste trabalho, não precisamos do Governo, somente de uma inquietação em relação ao ensino-aprendizagem, para que surgisse o material por nós proposto.

Pensando nas alunas surdas, referentemente à inclusão, vimos esse pensamento ancorado numa visão vygotskyana, a qual denota que "uma criança com deficiência mental não é simplesmente menos desenvolvida que outra da sua idade, mas é uma criança que se desenvolve de outro modo" (VYGOTSKY, 1999, p. 12). Podemos constatar que, ao utilizar o material e, a partir dele, as alunas conseguiram interagir com os colegas e professores e, ainda mais do que isso, que elas conseguiram resolver atividades que antes não eram capazes, por falta de uma proposta didática, não porque elas não tinham capacidade para isso.

Esse material permitiu abordar o ensino-aprendizagem da Língua Espanhola, por meio dos gêneros textuais, com um material bilíngue, promovendo a inclusão, pois, elas estavam, ao mesmo tempo, usando a Libras e a Língua Espanhola em um processo de construção da aprendizagem e de interação por meio do jogo. De acordo com Moyles:

> [...] os jogos educativos com finalidades pedagógicas revelam a sua importância, pois promovem situações de ensino-aprendizagem e aumentam a construção do conhecimento, introduzindo atividades lúdicas e prazerosas, desenvolvendo a capacidade de iniciação e ação ativa e motivadora. "A estimulação, a variedade, o interesse, a concentração e a motivação são igualmente proporcionados pela situação lúdica..." (MOYLES, 2002, p. 21).

A interação e a aprendizagem percebidas pela professora, com certeza, estimularam as alunas a realizarem mais atividades como essa, percebendo que têm capacidades que, talvez, desconhecessem, melhorando, assim, também, sua autoestima.

> Excerto 3
>
> Vê-las a frente da turma foi emocionante. É algo que mostra para a gente que por mais que seja difícil a profissão, por mais que seja cansativo, por mais que seja exaustivo ser professor neste nosso país, a construção daquele conhecimento em alunas especiais, a deficiência auditiva, interagindo com eles, indo a frente, mostrando, explicando as coisas na língua delas, para mim, assim, eu não tenho como descrever em palavras a emoção que a gente sente. Então, é gratificante demais. Entender, que se você tem tempo para se dedicar, todo o mundo é capaz de produzir. A única coisa que a gente não sabe é qual caminho seguir. Então agora, com o trabalho que você nos trouxe, com o material que você me apresentou, eu sei qual o caminho a seguir (Professora. Entrevista realizada em 01/04/2016) (informação verbal).

Ao percebermos a emoção da professora ao ver o desenvolvimento, a interação e a construção intelectual em Língua Espanhola desenvolvida com as alunas, realizamo-nos com esta aplicação e criação deste material. Para Vygotsky e Bakhtin, dialogia e alteridade são centrais para a compreensão da constituição da consciência humana, nas relações que se estabelecem entre eu e o outro, ou outros, no contexto das relações sociais, culturais, históricas e políticas das experiências dos indivíduos.

Essas experiências vividas pelas alunas com seus colegas e professores só foram possíveis por meio da vivência com o outro. A relação eu-outro-outros, em contextos sócio-histórico-culturais, criou a possibilidade da ampliação dos horizontes dos sujeitos, no desdobramento dos lugares enunciativos, na multiplicidade de vozes, na configuração da polifonia entre o que é dito e o como se diz, em que "a palavra se dirige e nesse gesto o outro está posto" (BAKHTIN [1929] 2004, p. 113).

> Excerto 4
>
> Então, eu tenho certeza que os meninos não vão esquecer das frutas que eles aprenderam no espanhol, porque ela, ah, várias delas, a "sandía" que era difícil de entender que era "sandía", "melocotón" para eles já era tranquilo, é mais de perto isso. O mamão, "papaya" é simples, porque existe mamão 'papaya', mas as outras, o "durazno" pêssego, que dificuldade de entender este vocabulário, então, não vai mais esquecer. E eles frisaram no espanhol. Na hora das apresentações, quando eles tinham que responder, tentar responder em espanhol, eles apresentavam já entendendo, fazendo as associações dos dias da semana aos planetas, então, o professor de geografia já tem um instrumento do espanhol para tentar ensinar o sistema planetário (Professora. Entrevista realizada em 01/04/2016) (informação verbal).

Vygotsky afirma que, para que a Zona de Desenvolvimento Proximal (ZPD) se efetive, na escola, os professores devem colaborar para a construção do espaço, das ferramentas de aprendizagem para que o processo de desenvolvimento do aluno seja estimulado durante o tempo em que nela se encontra, para que, ao sair dela, esteja preparado para os desafios que irá enfrentar.

Pudemos perceber, com esta prática, que os professores estavam trabalhando e buscando alternativas, como este material, por exemplo, para melhorar a aprendizagem dos alunos, tanto os surdos, como os ouvintes. A professora afirmou que havia vocabulário que também não era de conhecimento dos ouvintes e os gêneros textuais abordados não haviam sido apresentados desta forma.

Quando perguntamos para a professora sobre o trabalho com gêneros textuais e os resultados sobre eles, ela afirmou:

> Excerto 5
>
> PE: Provavelmente não. Porque a gente percebe claramente que elas não têm domínio da Língua Materna para entender esta diferenciação de gênero e aí eu penso que é muito mais difícil na língua estrangeira. Se não fosse, como o material foi pensado, elas não conseguiriam perceber que

cada um é um gênero diferente, então, inclusive na língua portuguesa para trabalhar gênero com elas, vai ter que buscar um concreto, mas muito concreto, se não elas não vão entender (Professora. Entrevista realizada em 01/04/2016) (informação verbal).

Percebemos, nesta afirmação da professora, uma confusão referente a gêneros e a Língua Materna para o aluno surdo, pois parece que ela não tem clareza dos conceitos apresentados e como se dá este processo de aprendizagem de uma nova língua para as alunas surdas em questão. Sendo para elas, a LIBRAS a sua Língua Materna e, na escola, ela estará em contato com a segunda língua que seria a Língua Portuguesa e, neste trabalho, a terceira língua, a Língua Espanhola. Como não enfatizamos nesta pesquisa, a Língua Portuguesa, então, a Língua Espanhola seria a segunda língua.

As produções enunciativas da professora na entrevista nos deixaram muito felizes, pois até produzirmos o material não tínhamos certeza de sua aplicabilidade. Como vimos nas entrevistas das alunas, colegas e da intérprete, na prática de sala de aula e na interação, as expectativas foram superadas e a relação assimétrica professor-aluno foi melhorada com a atividade proposta por meio do material didático-pedagógico bilíngue.

Análise da entrevista com a Intérprete de LIBRAS

Antes de iniciarmos a apresentação da análise com a intérprete, precisamos salientar que quando iniciamos este trabalho de investigação, não havia intérprete nas salas em que estudavam as alunas surdas. Após a elaboração do material e ao retornarmos para a escola para a aplicação deste, já havia a intérprete que atendia as alunas.

Observamos que a relação da intérprete com as alunas e com a escola era muito boa. Pelo que percebemos, ela não era somente intérprete, mas alguém que estava com as alunas todo o tempo em interação, fazia brincadeiras, conversava sobre outros assuntos relacionados a temas extraclasse e as atendia em horário extra, no contraturno da escola, como vimos nas fotos do capítulo I.

Antes de irmos para a aplicação do material em sala de aula, elaboramos o plano de aula com gêneros textuais com a intérprete e a professora de Língua Espanhola. A intérprete também domina a Língua Espanhola. Era importante que, no momento da aplicação, todos soubessem a ordem dos procedimentos e a organização da aula. Deveriam conhecer também o material e os gêneros textuais que seriam utilizados. Isso tudo foi realizado em reuniões entre pesquisadora, professora e intérprete, até que estivesse tudo alinhado. As contribuições de ambas foram fundamentais para a boa aplicabilidade e resultados do material bilíngue utilizado.

> Excerto 6
>
> [...] quando nós começamos a usar o material em sala de aula, achei interessante que o olhinho delas brilhou assim, uma satisfação de ver que aquilo que aquilo elas usam no dia a dia delas foi valorizado né... Libras, como língua, com um meio de comunicação que deve ser respeitado e valorizado. Então, quando elas viram que partiu de Libras para ser trabalhado o espanhol, eu percebi que elas ficaram muito satisfeitas. Porque até então elas não tinham visto nada assim em sala de aula, poder participar com os colegas, ter esta interação. Como foi bem no início do bimestre, início do ano, foi bem interessante porque elas começaram a ter um relacionamento a partir daí com os alunos puderam mostrar o que elas sabiam (Intérprete. Entrevista realizada em 06/05/2016) (informação verbal).

Ou seja, é importante ressaltar, também, que as alunas surdas, e qualquer aluno, têm sempre algo a ensinar num processo de aprendizagem. E o encontro das duas línguas, a Libras e a Língua Espanhola, ali, propiciou essa oportunidade de ensinar e aprender.

A intérprete relata a importância dada pelas alunas ao perceber que estávamos usando e "reconhecendo" Libras como língua, que, no jogo, o desenho era em Libras e que elas podiam se reconhecer nele.

Por meio do reconhecimento da Língua de Sinais, também se reconheceu a condição bilíngue das pessoas surdas e a urgência em desenvolver ações educacionais que possibilitassem o acesso às duas línguas, especialmente no contexto escolar. No caso das pessoas surdas, a Língua Portuguesa deve ser ensinada como segunda língua -L2-, tendo em vista que a língua de sinais é sua "língua natural" (QUADROS; KARNOPP, 2004, p. 104). No nosso caso, então, a Língua Espanhola era a terceira língua a ser estudada, ou, a primeira língua estrangeira.

Talvez as alunas tivessem maior dificuldade com o material, já que não conheciam a escrita da Língua Espanhola, mas não foi o que percebemos nas aulas:

Excerto 7

Elas verificaram, porque elas ainda não tinham percebido que o espanhol é diferente do português, porque antes elas só copiavam e nem faziam esta verificação. Então, a partir do sinal, do vocabulário, sim, elas comentavam, "ah, o sinal é diferente" (Intérprete. Entrevista realizada em 06/05/2016) (informação verbal).

Para que possamos entender algumas situações enunciativas em Libras, faz-se necessário que a expressão se faça presente. Para isso, as alunas precisavam conhecer as unidades da Língua de Sinais. De acordo com Santiago (2013), ressalta que:

A Libras é composta de um alfabeto manual e de expressões faciais e corporais que se combinam formando algo semelhante aos fonemas e morfemas da língua portuguesa. Os elementos que constituem um sinal são chamados parâmetros. Os parâmetros em libras são:

a) configuração das mãos – são formas feitas nas mãos que podem utilizar o alfabeto manual ou não

b) ponto de articulação – é o lugar onde incide a mão:

c) movimento - que podem ter ou não:

d) orientação/direcionalidade – é a direção que o movimento assume:

e) expressão facial e corporal – são utilizados para alguns sinais.

A infinidade de sinais em Libras é tão grande quanto a imensidão de vocábulos existentes na língua portuguesa e evidentemente não caberiam num estudo deste porte. A maior pretensão é demonstrar apenas a riqueza existente na Libras e o seu papel social na inclusão do surdo, validando a importância de que professores de todos os níveis de ensino se sintam convidados a assumir responsabilidades na condução desta política e exijam espaços onde esta aprendizagem possa efetivar-se, conduzindo-os num primeiro momento a serem aprendizes e, no segundo, a serem educadores comprometidos com a educação de qualidade para a diversidade (SANTIAGO, 2013, p. 12).

Acreditamos que esta expressão de Santiago em relação a Libras coube muito bem em nosso trabalho, em relação aos professores que não a conheciam – "num primeiro momento a sermos aprendizes e, no segundo, a serem educadores comprometidos com a educação de qualidade para a diversidade" (SANTIAGO, 2013) – é o que tentamos fazer com esta pesquisa. Embora não saibamos nada de Libras, nos enveredamos neste caminho desconhecido e nos deparamos com situações que mudaram nossa forma de pensar e ver a situação do aluno surdo em sala de aula.

Desta forma, como apresentada a Libras pela Santiago, o sinal só dá sentido se for acompanhado da expressão. Quando alguma unidade se altera, assume um sentido diferente dependendo do contexto e da intenção comunicativa do sujeito discursivo. Bakhtin e Volochínov ([1929] 2009, p. 93) explica que, ao se lançar um olhar objetivo para a língua, não se encontra nela um sistema de normas imutáveis, mas, ao contrário, uma "evolução ininterrupta das normas da língua.

> Excerto 8
>
> Em respeito a esta diferença buscou interagiu, não foi uma professora que só ficou olhando os alunos fazer, ela interagiu, ela fez os sinais, ela também quis aprender e mostrou que aquele era um momento importante de aprendizado sim. Que não era só a aplicação do seu trabalho, da sua pesquisa, que este momento devia ser valorizado (Intérprete. Entrevista realizada em 06/05/2016) (informação verbal).

O professor precisa ser o motivador, o impulsionador e quem "facilita", no sentido de oferecer perspectivas novas ao aluno. Como vimos na fala da intérprete, havia uma preocupação da professora com o atendimento das alunas, embora ela não soubesse, até aqui, como fazê-lo. Neste caso, a professora também foi aprendente, pois, na relação entre educado e educando, se pode ir além dos muros da escola, alcançar a totalidade da vida que há em cada aluno inserido em sua aula, convivendo, aprendendo, interagindo e vivenciando.

O professor de Língua Espanhola tem responsabilidade maior ainda, pois a Língua Espanhola, diferentemente da Língua Inglesa, que está nos aparelhos tecnológicos e na internet, bem como em outros portadores de texto no dia a dia, e da Língua Portuguesa, que está na escrita da escola, na propaganda dos mercados, das lojas etc., não está no cotidiano dos alunos.

Quando a intérprete começou a trabalhar na escola em 2015, comentou com a professora de Espanhol da época, que era a pesquisadora, que até esta ingressar na sala, as alunas não faziam ideia de que disciplina era a professora. Sabiam que não era Língua Portuguesa pela diferença nas palavras escritas no livro, mas não reconheciam como Língua Espanhola, porque dela nada conheciam. Isso foi algo que chocou fortemente a professora, pois ela não fazia ideia de como lidar em sala de aula com as alunas surdas. Chocante e frustrante foi, após três semanas de aula vir a saber que as alunas sequer sabiam com que disciplina ela trabalhava, era muito, muito ruim para ela. Por outro lado, este foi um dos motivos que levou a buscar técnicas para trabalhar com as alunas surdas em sala de aula para que situações como aquela não se repetissem mais.

A esse respeito Alarcão, afirma que:

> A noção de professor reflexivo baseia-se na consciência da capacidade de pensamento e reflexão que caracteriza o ser humano como criativo e não como mero reprodutor de ideias e práticas que lhe são exteriores. É central, nesta conceptualização, a noção do profissional como uma pessoa que, nas situações profissionais, tantas vezes incertas e imprevistas, atua de forma inteligente e flexível, situada e reativa (ALARCÃO, 2003, p. 4).

O conceito de professor reflexivo surge como uma forma de lidar com as situações adversas, muitas vezes cheias de dilemas, as quais regras técnicas não são capazes de responder. As diferenças que se apresentam em sala de aula devem ser temas de reflexão, de forma que o professor, a exemplo desta professora, possa construir com os alunos a aprendizagem necessária para o crescimento e desenvolvimento do indivíduo.

Se esta reflexão/ação/reflexão do professor for uma prática, se ele conseguir aceitar, como fez com a intérprete e a investigadora, pessoas que possam ajudar a encontrar soluções para os desafios em sala de aula, ele já estará no caminho para a conquista da construção e interação que tantos professores almejam nas escolas.

Usando a teoria na prática, o professor conseguirá alcançar o ensino que espera com seus alunos, munindo-se de ferramentas de aprendizagem que ele poderá usar com eles em sala de aula para introduzir novos assuntos ou para reforçar outro, quando necessário.

> Excerto 9
>
> Elas demonstraram autonomia, autoconfiança, dizendo, ah, eu posso ensinar meus colegas, eu tenho um conhecimento, é na minha língua, mas é um conhecimento. Antes os alunos

> pensavam que eu estou ali só para traduzir e que elas só copiavam. Então, vi que depois desta aplicação elas interagem bem mais. A S1 mesmo, no 2ºJ, as colegas tentam conversar com ela, estão aprendendo os sinais, perguntam o que é, se aproximam bastante dela. Ela é uma aluna mais tímida, mais recatada, mais reservada. A partir disso, que ela teve o contato com turma, que ela foi à frente, que ela interagiu, eu vi que ela está socializando muito melhor (Intérprete. Entrevista realizada em 06/05/2016) (informação verbal).

O papel do intérprete foi muito importante para que a aprendizagem acontecesse de maneira eficiente. Não podemos admitir que os alunos surdos passem pelos bancos escolares sem aprender, negando-lhes a oportunidade de mostrar o quanto são capazes. Que aprendem de outra forma, mas têm todas as condições para aprender, desenvolver-se, alfabetizar-se, interagir com os demais e realizar atividades que desenvolvam suas potencialidades, já que, como disse a intérprete, apenas uma aluna estava alfabetizada ao iniciar o trabalho com elas.

Em sala de aula, o intérprete é o responsável pela comunicação entre alunos ouvintes e surdos. Nas aulas de Língua Espanhola, nas quais aplicamos o material didático-pedagógico bilíngue, a intérprete ouvia em português ou em espanhol e interpretava em Libras para as alunas surdas. A função dela, naquele momento, era fazer com que os alunos entendessem a proposta apresentada.

O intérprete não funciona como um tradutor de palavras, é muito mais do que isso, é a arte de transmitir tudo que está com a palavra, o sentimento, o sentido, a emoção, precisa apropriar-se de conhecimentos na sua área para atingir a real interpretação do que quer transmitir.

Diante deste trabalho tão delicado para o surdo, o intérprete precisa buscar ser o mais isento possível. Sem colocar na interpretação os seus valores sobre o mundo que o cerca. Isso é fundamental, afinal, ele trabalhará, na escola, com jovens em formação humana.

Embora, este material, de acordo com a opinião da professora, possa ser usado sem a presença da intérprete, acreditamos que também possa ser usado pelo professor que não tem conhecimento da Libras. Mas, o aluno, então, precisará ter o conhecimento, ou ter o aplicativo de Libras no aparelho celular ou ter um gabarito no material que esclareça as dúvidas que possam ocorrer.

Excerto 10

Os professores passaram a fazer as avaliações em Libras. Antes elas só faziam desenho ou escreviam uma coisa ou outra, agora é em Libras. Isso deu uma valorização muito grande, elas têm o conhecimento, eu estou ali só para traduzir para elas. Então, elas têm estudado tudo e depois elas vão e apresentam, então, antes isso não acontecia, essa questão da inclusão. Que são na verdade partes de um processo de inclusão, só isso não garante, mas é um bom começo (Intérprete. Entrevista realizada em 06/05/2016) (informação verbal).

Figura 40 – Avaliação realizada nas turmas com as alunas surdas após a aplicação do material em sala

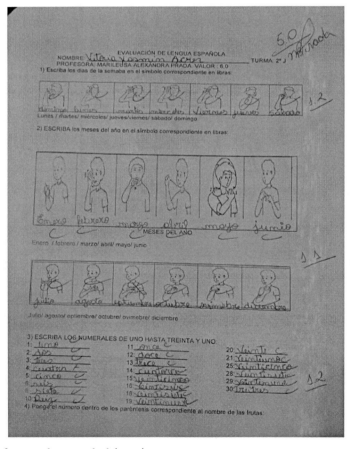

Fonte: professora de Espanhol (2016)

Essa avaliação foi aplicada nas salas das alunas surdas após o uso do material didático-pedagógico. Podemos analisar que a professora usou o vocabulário trabalhado nas aulas com o uso do material. Na fala da intérprete sobre as avaliações sendo realizadas em Libras, percebemos a importante contribuição que este trabalho poderá oferecer aos alunos surdos e a sua aprendizagem.

Referenciando Padilha (2011), há muito que se compreender ainda sobre a interação e, em nosso ver, este trabalho, que era uma pesquisa que foi desenvolvida em fase experimental e que pode, no futuro, com elaboração minuciosa, apresentar um resultado positivo no ensino-aprendizagem por meio da interação na comunicação entre alunos surdos e ouvintes, pode tornar a escola mais inclusiva. De acordo com Padilha:

> Penso que, em termos teóricos e aplicados, não tiramos, ainda, todas as consequências que a concepção de linguagem como interação verbal pode ensejar. Se definirmos a linguagem como interação verbal, e aceitarmos o fato de que os sentidos se constroem na interação, é preciso repensar as dicotomias: linguagem verbal/ não verbal; oralidade/ escrita (PADILHA, 2011, p. 95).

No momento em que as alunas receberam, pela primeira vez na escola, uma prova em Libras, a interação, o aprendizado, a alteridade, estava totalmente representada nesta ação da professora que, até então, não havia realizado avaliações com esta proposta em Libras.

Análise das entrevistas das alunas surdas

Após analisarmos as falas e as representações da Intérprete e da professora de Língua Espanhola, analisamos as falas e representações das alunas surdas, motivos fundamentais desta pesquisa.

Durante as aulas de Língua Espanhola, as alunas surdas tiveram contato com o material didático já apresentado no Capítulo III. A partir dele, desenvolveram atividades com os gêneros textuais: ficha de matrícula, cardápio (carta de frutas) e calendário.

Ao término das aulas, reunimos as três alunas surdas das duas turmas, juntamente à intérprete para saber o que elas sentiram durante as aulas com o material, se entenderam os trabalhos realizados, como se deu a interação e como foram estas aulas com um material pensado para a aprendizagem delas em aulas de Língua Espanhola.

Quando lhe foi perguntado sobre o uso do material e as relações em sala, a S² respondeu:

> Excerto 11
>
> Eu gostei dos grupos com os colegas, das atividades que tivemos, eu pude ajudar a eles, eu ensinei os sinais, eles me mostravam em espanhol, eu consegui ensinar a eles, conseguimos montar ali, eu desenvolvi um bom relacionamento com meus colegas, eu dou a eles parabéns porque eles fizeram certinho (risos) (Aluna surda 3º série E.M. Entrevista dia 31/03/2016) (informação verbal).

Como foi enfatizado no primeiro capítulo, a escola e a sociedade precisarão desenvolver ações que permitam construir, interagir, formar, capacitar, incluir, defender, apoiar as famílias e os profissionais envolvidos com o aprendiz a ser incluído.

O esforço pela inclusão deve estar em todos os lugares, em todas as ações das instituições de ensino e do Governo. A questão da educação a alunos surdos precisa ser realizada com a intenção de apresentar propostas de melhoria, não de apontar problemas, erros, deficiências.

Essas melhorias podem começar com pequenas, mas urgentes, ações em sala de aula. Para que o surdo se sinta percebido, atendido, incluído, é necessário que aprenda, desenvolva suas potencialidades e não fique passando pela escola, mas aprendendo nela, em um processo de inclusão. A Declaração de Salamanca quer garantir este direito, bem como as leis implantadas no Brasil para atender a alunos surdos. Como escreveram bem as autoras e pesquisadoras espanholas Domínguez/ Alonso:

> [...] la discapacidad no es un hecho dado e inmodificable, sino una realidad relativa y cambiable. Precisamente el hecho de poner tanto énfasis en el concepto de "barreras" tiene la virtud de visualizar esa realidad social y de hacer concretar nuestros esfuerzos, precisamente en hechos, valores, decisiones que pueden ser modificados (DOMÍNGUEZ; ALONSO, 2004, p. 23).

Como educadores brasileiros, não podemos admitir que, pelo fato de um aluno ser surdo, lhe seja tirado o direito de estudar, de aprender, de conviver, de interagir, de atuar como responsável pela sua trajetória. Temos muitos casos de pessoas surdas que conseguem galgar as escadas do saber e desenvolver-se com maestria, mas eles não podem ser alguns, precisam ser a maioria, senão, todos, ouvintes e surdos, incluídos.

Desta forma, poderemos nos sentar nos bancos universitários e falar sobre inclusão no Brasil, como igualdade de oportunidades.

> Excerto 12
>
> Eu lembro do primeiro ano quando a gente estava aqui, as pessoas só falavam comigo e eu pensava, eu sou surda, eu dizia, eu era surda, e as pessoas continuavam oralizando, falando, falando. Eu tinha muita dificuldade, não entendia nada que falavam (Aluna surda S^3-3º série E.M. Entrevista dia 31/03/2016) (informação verbal).

Essa revelação da aluna surda nos comoveu muito. Principalmente, por ver como ela se indignava com a situação. Como se estivesse gritando: "EU SOU SURDA, DÁ PARA PERCEBER ISSO E ME AJUDAR?". Realmente, como um grito de socorro a espera que alguém faça algo para ajudá-la.

A educação brasileira não se preparou para receber os alunos surdos nas escolas, ou qualquer outro aluno com outra diferença. De acordo com Fernandes, "uma das grandes lutas é para que a Língua Brasileira de Sinais seja reconhecida como uma manifestação da cultura, não um instrumento de acessibilidade" (FERNANDES, 2016, site UFPR-Napne--Núcleo de Apoio às Pessoas com Necessidades Especiais), conceito que fortalece o embasamento para a criação de escolas bilíngue para surdos já nos primeiros anos da educação. Fernandes enfatiza que "precisamos refletir cientificamente para enfrentar estes desafios diários".

No caso da S^3, este era um grande desafio, estar em sala de aula, ver que estavam oralizando e não entender o que os professores queriam dela. Podemos imaginar a angústia na situação da aluna, imaginando que, mentalmente, ela fala com a professora "eu sou surda". Essa situação nos remete a Bakhtin quando afirma que

> [...] o tom emotivo-volitivo é um momento imprescindível do ato, inclusive do pensamento mais abstrato enquanto meu pensamento realmente pensado, isto é, na medida em que o pensamento realmente venha a existir, se incorpore no evento" (BAKHTIN, p. 86).

Ou seja, o valor por esta aluna, neste momento da aula, era real, a incomodava, e era imprescindível que fosse percebido.

Às vezes, os professores não têm formação necessária para trabalhar com os alunos surdos, isso gera este pensamento: "hei, eu sou surda, não adianta você oralizar". Essa atitude, tende a afastar o aluno do professor, outras vezes, o próprio aluno se exclui do processo, pois não é percebido, não é "ouvido".

Em um processo de interação, este aluno teria o seu pensamento respeitado e incorporado, pois é de sua natureza essa relação com o outro. De acordo com Vygotsky:

> Desde os primeiros dias do desenvolvimento da criança, suas atividades adquirem um significado próprio num sistema de comportamento social, e sendo dirigidas a objetivos definidos, são refratadas através do prisma do ambiente da criança. O caminho do objeto até a criança e desta até o objeto passa através de outra pessoa. Essa estrutura humana complexa é o produto de um processo de desenvolvimento profundamente enraizado nas ligações entre história individual e história social (VYGOTSKY, 1934, p. 33).

Esse ambiente que irá refletir no aluno a situação que ele está vivenciando, fará, de alguma maneira, com que ele entenda o que está sendo trabalhado por meio das atividades desenvolvidas, mas, também, a partir da interação com seus colegas de classe, e essa estrutura humana complexa que se desenvolve entre história social e história individual está mesclada com as histórias de cada um.

Além dos temas já analisados até o momento, queríamos entender como se dá o processo de interação com o material nestas aulas de Língua Espanhola, as alunas surdas, com o jogo e com os colegas. Perceber também como uns colegas podem ajudar aos outros, sendo este surdo ou ouvinte. Vejamos o depoimento da S³:

> Excerto 13
>
> Eu achei difícil, um pouquinho eu consegui organizar, através dos sinais eu consegui organizar a fala, os nomes, tinha a escrita, tinha a maçã, eu fiquei pensando, como será que é maçã em espanhol, tinha o sinal e eu fiquei ali atenta, procurando qual seria o sinal correto, o que estava faltando e eu entendi (Aluna surda S³-3º série E.M. Entrevista dia 31/03/2016) (informação verbal).

Podemos perceber, neste fragmento do depoimento, que S³ conseguiu realizar a atividade em um processo mental de comparação, observação, conhecimento prévio e os sinais em Libras. Podemos sugerir que, de acordo com Bakhtin:

> [...] em todo enunciado, contanto que o examinemos com apuro, levando em conta as condições concretas da comunicação verbal, descobriremos as palavras do outro ocultas, ou semiocultas e com graus diferentes de alteridade. Dir-se-ia que um enunciado é sulcado pela ressonância longínqua e quase inaudível da alternância dos sujeitos falantes e pelos matizes dialógicos, pelas fronteiras extremamente tênues entre os enunciados e totalmente permeáveis à expressividade do autor (BAKHTIN [1929] 2004, p. 318).

O autor, neste caso, era a aluna surda que conseguiu, por meio de todas as condições concretas de aprendizagem, encontrar solução para as questões do jogo. Neste momento em que ela conseguia interagir, se expressar, participar, as suas palavras semiocultas tornaram-se transparentes para ela. A angústia dava lugar ao saber.

Abordamos também a questão da emoção em sentir-se capaz (talvez pela primeira vez em sala de aula):

> Excerto 14
>
> Eu fiquei olhando a atenção dos meus colegas, eles me aplaudiam, eu fiquei muito feliz, parecia que eu era uma visitante na sala. Me senti com medo pela atenção, depois eu vi que eles ficavam admirados e também viram que eu sou inteligente (Aluna surda S²-3º série E.M. Entrevista dia 31/03/2016) (informação verbal).

Podemos perceber, nesta situação, que a aluna teve uma fala interior, ou discurso interior. Essa linguagem interna é dirigida ao próprio sujeito e não aos que estão em seu entorno. De acordo com Vygotsky (1989), essa fala interior se desenvolve diante de um lento acúmulo de mudanças estruturais, fazendo com que as estruturas, que são dominadas pelo falante, tornem-se básicas de seu próprio pensamento. Neste momento, essa fala não teria comunicação com o outro sujeito, ou com outros, desta forma, era como se fosse uma conversa pessoal, sendo abreviada, fragmentada.

Este processo ocorre entre o pensamento e a palavra, em um movimento contínuo de vaivém interior. Passa por transformações na medida em que se relaciona com outras vozes, outros sujeitos. Mais tarde, na relação de um com o outro, nas situações de interlocução, é que o indivíduo se apropria das palavras. No caso de S², isso aconteceu na relação com o jogo, por meio de situação de interação e partindo de conhecimento prévio por ela adquirido a partir da Libras. Visto isso, podemos perceber a importância desta parte do jogo na relação de construção de conhecimento desta aluna, bem como é fundamental que as práticas pedagógicas sejam utilizadas no sentido de tornar importante na sala de aula o manuseio de objetos na construção do conhecimento e a interação com diferentes meios de aprendizagem social. Ainda segundo Vygotsky:

> [...] os jogos proporcionam o desenvolvimento da linguagem, do pensamento e da concentração. O lúdico influencia no desenvolvimento do aluno, ensinando-o a agir corretamente em uma determinada situação e estimulando sua capacidade de discernimento. Os jogos possuem um papel relevante no processo de aprendizagem fazendo os alunos adquirem iniciativa e autoconfiança. [...]. Proporciona desenvolvimento da linguagem, do pensamento, da concentração e da atenção (VYGOTSKY, 1989, p. 36).

Podemos arriscar e afirmar que, neste caso, o jogo foi um facilitador da aprendizagem.

Quando a aluna se expressa dizendo "eles perceberam que eu sou inteligente" (informação verbal), vemos, neste depoimento, uma alegria grande, mas também uma preocupação, pois essa é uma declaração muito forte. O sujeito considerar-se como inteligente, como se não houvesse até agora motivos para que os colegas percebessem isso na aluna. Mais do que considerar-se, ela passou a ser reconhecida como inteligente. Isso nos causa grande euforia dentro da pesquisa. Mas, ao mesmo tempo, um lamento por esta aluna ter estado tanto tempo em sala de aula e não ter tido, em nenhum momento, essa impressão sobre si mesma.

Permite-nos, ainda, seguir "a trajetória que vai das necessidades e impulsos de uma pessoa até a direção específica tomada por seus pensamentos, e o caminho inverso, a partir de seus pensamentos até o seu comportamento e a sua atividade" (VYGOTSKY, 1989, p. 6, 7).

Podemos afirmar que a carga emocional esteve presente o tempo todo nesta pesquisa. Nas professoras, nas alunas surdas, nos colegas de sala, na escola como um todo. Até porque todos que sabiam da pesquisa sendo aplicada em sala de aula ficavam felizes e queriam partilhar disso com as alunas surdas e seus colegas.

Análise das entrevistas dos colegas de sala das alunas surdas do 2º ano do Ensino Médio

Após conversarmos com as alunas surdas, com a professora de espanhol e a intérprete, chegou o momento de ouvirmos a opinião dos colegas das alunas surdas que estiveram com elas durante o processo de aplicação do material didático-pedagógico bilíngue.

Analisamos, primeiramente, os excertos das entrevistas das alunas do 2º ano, sala que tem uma aluna surda. Desta sala, foram entrevistadas três colegas que se dispuseram a gravar a entrevista. Não escolhemos as alunas, nem mesmo a professora o fez. Elas se prontificaram para participar.

Iniciamos a conversa querendo saber a percepção delas, das colegas, com relação à participação da S[1] nas aulas de Língua Espanhola. A primeira a falar foi uma aluna que sempre estava ao lado da S[1], que já tinha um bom relacionamento com ela antes de iniciarmos o trabalho com o material didático metodológico:

> Excerto 15
>
> Quando a profe trouxe o material para ser trabalhado com a S[1] na aula de espanhol, foi algo bem novo e chamou a atenção de todos os alunos da sala, porque antes não tinha como o resto da turma interagir com ela, depois que a profe trouxe os materiais, nós começamos ali, criou, digamos que uma amizade com todo o mundo, porque antes ela chegava e sentava, as únicas pessoas com quem ela falava era comigo e mais uma colega. Depois disso, todo o mundo notou ela na sala e tentavam fazer ela se sentir especial, chegavam e perguntavam pediam para ela mostrar "como você faz isso? E este sinal, o que é?" Foi isso que foi acontecendo, todos queriam aprender com ela (Entrevista realizada com O[1], em 31/03/2016) (informação verbal).

O princípio da conversa já foi bem interessante, pois as alunas perceberam que a interação gerada na sala resultou em aproximação e aprendizado. Isso era recorrente nas falas das colegas, como observaremos a seguir.

Esse material, que foi produzido para ser aplicado em sala de aula com as alunas, surdas é um jogo. Com material ilustrativo, colorido, desenhos originais dos vocabulários, representações de Libras, já citados anteriormente, dos professores da UFMT e do dicionário Capovilla trilíngue, buscando só o que não tinha no material da UFMT e a escrita em Língua Espanhola. Sobre o jogo Antunes afirma que:

> O jogo é o mais eficiente meio estimulador das inteligências, permitindo que o indivíduo realize tudo que deseja. Quando joga, passa a viver quem quer ser, organiza o que quer organizar, e decide sem limitações. Pode ser grande, livre, e, na aceitação das regras poder ter seus impulsos controlados. Brincando dentro de seu espaço, envolve-se com a fantasia, estabelecendo um gancho entre o inconsciente e o real (ANTUNES, 2003, p. 15).

Conforme Antunes (2003, p. 14), "a ludicidade do jogo proporciona momentos mágicos e únicos na vida de um indivíduo, pois no mesmo instante que diverte, ensina e desenvolve o raciocínio e a criatividade". Percebendo as relações em sala de aula durante o trabalho com os gêneros textuais e o material elaborado, podemos afirmar, sem sombra de dúvida, que a atividade foi importante norteador e provocador da aprendizagem significativa que ocorreu de forma natural, gradual e com espontaneidade, demonstrando que este pode ser um aliado na prática docente com alunos surdos em Língua Espanhola.

De acordo com Rizzo, "a atividade lúdica poder ser, portanto, um eficiente recurso aliado do educador, interessado no desenvolvimento da inteligência de seus alunos, quando mobiliza sua ação intelectual" (RIZZO, 2001, p. 40).

Excerto 16

> Assim também a forma de ela ser, ela é meio quieta, ninguém interagia, aí, agora depois do projeto, ela faz uma coisa o pessoal já olha, agradece, bate palmas, tipo eles interagem mais com ela (Entrevista realizada com O², em 31/03/2016) (informação verbal).

Vygotsky salienta que as possibilidades que o ambiente proporciona ao indivíduo são fundamentais para que este se constitua como sujeito lúcido e consciente, capaz, por sua vez, de alterar as circunstâncias em que vive. Nesta medida, o acesso a experiências novas, materiais novos, faz diferença na aprendizagem. Nesse excerto, fica clara, na prática, a teoria vygotskyana.

Sobre o trabalho do professor em sala de aula a O[1] afirma que:

> Excerto 17
>
> [...] todos nós percebemos que todos os professores ficavam meio perdidos na aula e a professora de espanhol, ela abraçou esta causa e aí as vezes ela fala, "como que eu falo isso, como se faz isso, dá uma ajudinha aqui, como a gente faz", porque as vezes a intérprete está na sala, mas nem sempre ela está. Nessas horas ela tenta explicar igual, tenta fazer os sinais, está dando o melhor dela para tentar aprender, mesmo sem ter estudado Libras, dentro das limitações dela (Entrevista realizada com O[1], em 31/03/2016) (informação verbal).

Tais lacunas percebidas pelas alunas e que apareceram na prática do professor em sala de aula podem acontecer cotidianamente nas propostas didáticas. De acordo com Padilha:

> [...] para um conjunto de procedimentos, textos, atividades, regras, uma gama de possibilidades se apresenta numa certa disciplina, em nosso caso, a língua portuguesa. Certos textos e não outros são privilegiados; certas atividades são possíveis e não outras; certos procedimentos são usados e não outros; [...] certas práticas são usuais e não outras; certas propostas são empreendidas e não outras, às vezes devido à tradição nas práticas escolares [...] (PADILHA, 2005, p. 82).

No trecho do texto anterior, a autora se refere à Língua Portuguesa, mas percebemos que ocorreu o mesmo com a língua estrangeira, no nosso caso específico, a Língua Espanhola. Usando ou não o livro didático, os professores ficam presos à tradição das práticas escolares e, por esta razão, orientam-se dialogicamente com os discursos didáticos tradicionais de produção textual. O gênero textual não é abordado da mesma forma que em Língua Portuguesa, talvez por isso, a dificuldade das alunas em perceber como se processam e se organizam estes gêneros em Língua Espanhola.

O professor de Língua Espanhola é também um pesquisador, um observador, sendo a relação entre o pesquisador e o problema de pesquisa compreendida conforme as considerações de Bakhtin:

> O observador não se situa em parte alguma "fora" do mundo observado, e sua observação é parte integrante do objeto observado. Isso é inteiramente válido para o todo do enunciado e para a relação que ele estabelece. Não podemos

compreendê-lo do exterior. A própria compreensão é de natureza dialógica num sistema dialógico, cujo sistema global ela modifica. Compreender é, necessariamente, tornar-se o "terceiro" num diálogo (BAKHTIN [1929] 2012, p. 355).

Sendo assim, a professora de Espanhol não era mera observadora neutra no processo, pelo contrário. Participava, tinha curiosidade e avidez em aprender. Questionava e se permitia ser ensinada pelas alunas surdas.

De acordo com o que temos visto até o presente momento, percebemos que a importância do professor destas alunas surdas vai além da relação de ministrar aulas de Língua Espanhola, ele precisa estar atento a todas as atitudes das alunas para que possa, a partir disso, realizar atividades diferenciadas que podem levá-las a evoluírem e não simplesmente irem passando pela escola.

Sabendo da importância da relação familiar, apresentamos este trecho de uma aluna:

Excerto 18

[...] ela falou que gostou porque ensinou não só a ela, mas aos alunos, aos professores. Antigamente, quando a gente estudava, ninguém entendia o que ela falava, aí as amigas que se aproximavam dela, acabou se afastando cada vez mais e assim alguma discriminação na escola com os alunos. Daí assim, eu acho que ela sofreu bastante, chegou um tempo que ela parou de ir para a escola porque as amigas estavam afastadas dela e daí minha mãe sofreu bastante com isso também. A minha mãe tentou conversar com ela, pediu para ela voltar para a escola, daí eu acabei tendo que começar a andar mais com ela, ajudar mais ela. Mesmo que os outros olhassem para ela e dissessem que ela tinha deficiência, mas eu não ligava para isso, eu sabia que ela era especial para mim e que ela tinha uma importância. Ela sofreu muito e também, quando ela nasceu, o nosso pai discriminava ela, porque ele não aceitava minha irmã dessa maneira. Só que conforme o tempo foi passando, meu pai passou a se aproximar mais dela e hoje eles são muito unidos, só que pela diferença do meu pai e minha mãe serem separados, ele se afastou dela, mas ele ama ela (Entrevista realizada com O², em 31/03/2016) (informação verbal).

A relação familiar é muito importante na vida das alunas surdas. O depoimento anterior se refere à irmã de uma aluna surda que estuda em outra sala de aula, diferente da sala da irmã, porém sempre a acompanhava, e viu nela o sofrimento gerado pela indiferença. No seu relato, ficaram claras as situações já mencionadas no início deste trabalho, referentes à discriminação, à dificuldade em ensinar, ao processo de aceitação que a família vive ao saber que nasce uma criança surda na família. Para amenizar a dificuldade gerada na formação e na relação familiar com a escola, Parolim afirma que:

> [...] tanto a família quanto a escola desejam a mesma coisa: preparar as crianças para o mundo; no entanto, a família tem suas particularidades que a diferenciam da escola, e suas necessidades que a aproximam dessa mesma instituição. A escola tem sua metodologia e filosofia para educar uma criança, no entanto ela necessita da família para concretizar o seu projeto educativo (PAROLIM, 2003, p. 99).

A afirmação a seguir é da O[2]. Ela nos apresentou algo que pensamos muito ao aplicar o material em sala de aula e que, também corrobora a fala da professora de espanhol, já apresentada aqui: "esse material pode perfeitamente ser usado em sala de aula que não tenho alunos surdos" (informação verbal).

Excerto 19

> O material estava bem claro, deu para entender. Às vezes a gente pega um material na internet e não consegue entender. Os desenhos do material usado mostravam os movimentos, mesmo que não tivesse aluno surdo na sala, nós poderíamos usar para as aulas de espanhol (Entrevista realizada com O[2] em 31/03/2016) (informação verbal).

Mais uma vez fica evidente que o material surtiu um efeito positivo para as alunas surdas, para seus colegas e para a professora.

Análise das entrevistas dos colegas de sala das alunas surdas do 3º ano do Ensino Médio

Entrevista realizada no dia 31/03/2016, com os colegas de sala de aula das alunas surdas do 3º ano do Ensino Médio da Escola Dom Bosco de Lucas do Rio Verde-MT.

No início da entrevista, agradecemos por terem se disponibilizado em participar e perguntamos sobre o uso do material em sala, sobre a aprendizagem em língua espanhola, sobre o processo de participação e interação das colegas de turma e se haviam percebido mudanças, melhoras ou não, fazendo um parâmetro entre o antes e o depois do material utilizado em aula. Estavam presentes três alunos. O primeiro a falar afirmou:

> Excerto 20
>
> Eu achei muito importante, porque antes todos tinham receio de se aproximar, de saber o que elas queriam, aí agora a gente pode conversar com elas. Como foi assim de começo de ano, a gente pode ter uma interação, agora elas conversam com todo o mundo, elas conhecem todos os colegas (Entrevista realizada com O⁵, em 31/03/2016) (informação verbal).

Consideramos muito interessante o aluno mencionar que "estamos no começo do ano", pois isso remete a uma experiência que ele já conhecia que é ter convivido no segundo ano e não ter interagido com a colega. Se esta ação se dá no início do ano letivo, os reforços nos conhecimentos adquiridos serão mais profícuos, assim como poderão ser avaliados os resultados obtidos a partir da superação e interação das colegas. De acordo com Vygotsky:

> Todas as partes do processo psicológico, como certa tarefa lançada diante dos alunos, a tomada de consciência dos meios de solução dessa tarefa pelos próprios alunos, a preocupação com a assimilação e o reforço dos conhecimentos, o controle, a verificação e a avaliação final do caminho percorrido (VYGOTSKY, [1926] 2004, p. 265).

A função repassada aos alunos de partilhar saberes com as colegas surdas, lhes desafiou a realizar tarefas que a eles não eram familiares. Até mesmo o receio em aproximar-se das colegas, foi algo que os ouvintes tiveram que ter uma tomada de consciência e com isso, realizar tarefas que antes não realizavam e interagir com elas, o que antes não acontecia.

Observaremos agora três excertos retirados da entrevista com as colegas das alunas surdas O⁴, O⁵ e O⁶, para posteriormente analisá-los juntos:

> Excerto 21
>
> Eu acho que agora juntou tudo. Conversamos mais, aumentou a relação da professora com as meninas e até conosco mesmo, antes já existia de certa forma, mas uma relação um pouco mais tímida, mais com a intérprete, agora falamos

diretamente com elas (Entrevista realizada com O[5], em 31/03/2016) (informação verbal).

Excerto 22

Eu acho também que antes de a gente começar a trabalhar com o material, a gente não ia atrás porque era difícil de aprender, depois a gente foi viu que não é tão complicado, aí deu para perceber que todos foram atrás de palavras assim também em casa para se comunicar com elas e falar mais algumas coisas (Entrevista realizada com O[4], em 31/03/2016) (informação verbal).

Excerto 23

De vez em quando a gente esquece alguma coisa, mas aí a gente pergunta e elas ajudam até para poder ter alguma comunicação. Afinal, são cinco aulas inteiras, cinco dias na semana, a gente fica mais com os colegas do que em casa, praticamente, é uma convivência, então a gente tem que ter ao menos uma maneira de se comunicar com elas (Entrevista realizada com O[6], em 31/03/2016) (informação verbal).

Usamos estes três excertos para analisar de maneira unificada, já que dialogam um com o outro e, embora sejam ditos por pessoas diferentes, afirmam a importância da relação boa entre os colegas e o crescimento das alunas surdas no decorrer do processo.

Podemos verificar que as colegas observavam as alunas surdas, tentavam perceber o que elas conseguiam fazer, se realizam as atividades, se desempenhavam um olhar observador sobre as ações em sala de aula e conseguiam, com muita clareza, ver não pelas colegas, mas de seu lugar exterior. Sobre isso, Bakhtin afirma que:

> O autor não só enxerga e conhece tudo o que cada personagem em particular e todas as personagens juntas enxergam e conhecem, como enxerga e conhece mais que elas, e ademais enxerga e conhece algo que por princípio é inacessível a elas, e nesse excedente de visão e conhecimento do autor, sempre determinado e estável em relação a cada personagem, é que se encontram todos os elementos do acabamento do todo, quer das personagens, quer do acontecimento conjunto de suas vidas, isto é, do todo da obra (BAKHTIN, [1929] 2003, p. 11).

Este olhar exotópico também faz parte da relação entre os colegas em sala de aula e da professora que, de seu lugar, também analisa e é analisada.

No último excerto desta pesquisa, queremos destacar a importância que os alunos dedicaram ao fato de saberem a importância da formação do professor e do atendimento que a escola oferecia aos educandos e, ainda, a dificuldade encontrada pela intérprete de Libras em atender a três alunas em tempo integral em duas turmas diferentes.

Quando questionados sobre o futuro e se acreditavam em mudanças em relação ao atendimento ao surdo, a aluna respondeu:

> Excerto 24
>
> Eu espero que tenha, ainda não tem tudo o que a gente precisa. Por exemplo, aqui na escola tem três surdos e uma intérprete, então, tem que estar se dobrando em duas salas para poder atender a todos, então eu acho que se fosse mais conhecido que ensinasse mais, até mesmo nas escolas, o simples de tudo, seria mais fácil para os outros aprenderem também (Entrevista realizada com O[5] em 31/03/2016) (informação verbal).

Observando essas afirmações dos alunos, podemos concluir que o material utilizado impactou positivamente neles e na professora e que foi bem aceito. Tentou-se promover, em sala de aula, uma relação dialógica, por meio de um processo de interação intermediado por três línguas. Um material didático de Língua Espanhola, Libras e desenhos que tinham o objetivo de fazer os alunos interagirem, aprenderem, conhecerem, relacionarem-se e reconhecerem-se como indivíduos capazes de aprender.

CONSIDERAÇÕES FINAIS

Caminante, son tus huellas
el camino y nada más;
Caminante, no hay camino,
se hace camino al andar.
Al andar se hace el camino,
y al volver la vista atrás
se ve la senda que nunca
se ha de volver a pisar.
Antonio Machado

No início desta pesquisa, realizamos uma entrevista com os professores da Escola Estadual Dom Bosco para saber que técnicas e atividades diferenciadas utilizavam em sala de aula com alunos surdos. Após constatar que a maioria deles não tinha nenhuma técnica significativa, nem material para usar nas aulas e que não havia nenhuma formação por parte da Secretaria de Estado de Educação para ajudá-los, tampouco tinham intérprete, começamos a pensar no material didático-pedagógico bilíngue para as aulas de Língua Espanhola.

Inicialmente, a ideia foi elaborar um material como uma proposta para um trabalho futuro. Mas, com o passar do tempo e a evolução da pesquisa, julgamos que seria possível realizar a produção do material nesta primeira etapa. Demandou muito trabalho e esforço para conseguir elaborar, preparar, aplicar e analisar no curto espaço, mas acreditamos que foi uma iniciativa muito positiva e que acabou resultando na publicação deste livro, mesmo tanto tempo depois da aplicação, pois o assunto continua latente em nossas escolas e nossas vidas.

Surgiu, em 2015, a oportunidade de irmos à Espanha, em uma *beca* (bolsa) proporcionada a professores de Língua Espanhola, pela Embaixada da Espanha no Brasil. A partir do momento da seleção e a dúvida entre ir ou não, pensamos que esta seria uma rica oportunidade para observar de que forma é trabalhada a inclusão de alunos surdos em classes regulares em Salamanca, Espanha. A bolsa não era para Salamanca, e sim, para Santander, mas, após alguns contatos com amigos e conhecidos, foi possível organizar as visitas naquela cidade e realizar a pesquisa e o pontapé inicial.

Foram nove dias de muitas visitas, entrevistas, observações, conversas, pesquisas que enriqueceram este livro, a elaboração do material, a prática da pesquisadora e a constatação de que a forma de trabalho com surdos na Espanha é bem diferente da forma que o Brasil trabalha, pois aqui, como demonstramos anteriormente, não é ensinada, nem valorizada a língua oral e os implantes cocleares são raros. Não afirmamos aqui se isso é positivo ou negativo, não é nossa função, apenas apresentamos fatos.

No retorno ao Brasil, iniciamos o processo de estudos mais aprofundados sobre a teoria, a educação para surdos no país e a elaboração do material didático-pedagógico bilíngue para as aulas de Língua Espanhola, como foi pensado no início.

Com o ele pronto, fomos a campo, ou seja, para a sala de aula, aplicar o material didático-pedagógico bilíngue. Este continha representações em Libras, desenho, escrita em Língua Espanhola, era colorido, atrativo, claro e de fácil manuseio, separado por gêneros textuais em conjuntos de acordo com os temas que seriam abordados em cada aula.

Com a aplicação do material, observamos que são necessários vários jogos iguais para trabalhar o mesmo tema, ao mesmo tempo em sala de aula. Ou então trabalhar com rodízio do material, elaborando gêneros textuais diferentes ao mesmo tempo, o que seria muito interessante de experimentar, quem sabe, no futuro.

Percebemos que a interação, de acordo com a proposta teórica aplicada, foi muito positiva. Durante a elaboração, o foco maior foram as alunas, porém, no decorrer do processo, percebemos que a professora interagiu muito, foi uma "aprendente" de fato, pois conseguiu aprender muito sobre Libras com as alunas e, ao final da pesquisa, já se dirigia diretamente a elas, sem a ajuda da intérprete.

A intérprete que, até aquele momento, havia estado ali estritamente para o trabalho com as alunas surdas, já estava ajudando todos os alunos com a Libras, fazendo traduções das perguntas realizadas pelos colegas para as alunas surdas.

O resultado foi muito além do que havíamos almejado, pois a interação, a aprendizagem, o reconhecimento e saber alcançados a partir dos gêneros textuais foram de grande valia, tanto para as alunas surdas como para os alunos ouvintes, para a professora e para a intérprete.

Percebemos, também, que, para o futuro, será necessário elaborar um gabarito para que o professor que não sabe Libras e não tem intérprete em sala possa utilizar o material da mesma forma, pois, em algum momento, poderá acontecer de o aluno surdo não saber algum sinal, conhecer outro sinal, ou algo semelhante. Neste caso, o gabarito ajudará ao professor.

Será necessário, também, elaborar as mesmas palavras, o mesmo vocabulário em Língua Portuguesa, pois, assim, todas as disciplinas poderão usar o material, e não somente a de Língua Espanhola.

Quando se trata do processo de inclusão, esta vai muito além de o aluno surdo ter a obrigatoriedade de aprender a língua oralizada na modalidade escrita. A escola precisa oferecer acesso a atividades que o levem a aprender, pois o ensino é uma forma privilegiada de inserir o aluno nas relações sociais, políticas e culturais. Além disso, é uma forma de ele sentir-se empoderado de saber, e, este saber, esta participação, este aprendizado, pode ser percebido nas aulas de Língua espanhola com o material didático-pedagógico bilíngue.

Outro fator que consideramos de grande importância neste trabalho é o fato de que o professor deve conhecer a língua do aluno. Esse processo é importante porque a ajuda oferecida pelo professor em sala de aula precisa ser adequada para as necessidades individuais de cada aluno, no nosso caso, saber a Libras faria com que a professora tivesse maior proximidade, maior entendimento, facilitaria ampliar significados para os alunos surdos e o ensino aprendizagem seria mais bem desenvolvido. Quem sabe, sonhando com um futuro de uma educação aprimorada, poderemos ver os professores sendo atendidos de uma forma mais humanitária, fazendo com que tenham tempo, salário e ânimos para aprender mais para ensinar a todos os alunos. Isso incluiria tempo de estudo e incentivo para todos estudarem LIBRAS, caso quisessem.

Após terminarmos a pesquisa, no ano de 2016, voltamos para a escola para conversar com a professora e saber como estavam as aulas após a nossa participação em sala de aula. Ela nos contou que os alunos pediram para fazer os demais materiais para os outros conteúdos de Língua Espanhola, disse que eles próprios buscaram na internet as representações em Libras, recortaram e montaram os jogos e então mostrou-nos tudo que já haviam feito em Libras e Língua Espanhola em sala de aula. Eureka! Uma grande mudança havia acontecido naquela escola, os envolvidos já não eram os mesmos.

Relatou-nos também que as alunas estavam mais participativas e ela se sentia também mais segura, porém já estava triste, porque sabia que no ano de 2017 não trabalharia na escola, seria transferida. Isso a deixou triste porque estava encantada com o trabalho que passou a desenvolver com as turmas em que havia alunas surdas. Mostrou-nos também as fotos da Feira de Conhecimentos (Feciart) que acontecia na escola todos os anos, na qual as alunas fizeram uma exposição de representações em Libras, com o auxílio dela e da intérprete. Elas estavam apropriadas de saber e de empoderamento. Viva!

Pretendemos, após o término deste trabalho, voltar à escola e seguir trabalhando com as alunas ou com outros alunos que possam ser auxiliados de alguma forma por este material que elaboramos. Sabemos que é pouco, se levarmos em conta a grande problemática da inclusão em nosso país, porém, ao mesmo tempo, acreditamos que é possível perceber o sujeito surdo como participante do processo de inclusão. De acordo com Skliar,

> "O ser surdo" não supõe a existência de uma identidade única e essencial a ser revelada a partir de alguns traços comuns e universais. [...] O sujeito contemporâneo não possui uma identidade fixa, estática, centrada, essencial ou permanente. A identidade é móvel, descentrada, dinâmica, formada e transformada continuamente em relação às formas através das quais é representada nos diferentes sistemas culturais (SKLIAR, 2013, p. 11).

Quanto aos questionamentos norteadores de nossa pesquisa, acreditamos que, em parte, foram respondidos, mas ainda temos um denso caminho a seguir para atingir a todos os objetivos aos quais nos propomos. Em relação a construir interação comunicativa entre os sujeitos envolvidos no processo, acreditamos que atingimos este objetivo com muito êxito. Os relatos das alunas, de seus colegas, da professora e da intérprete nos permitem chegar a esta conclusão. Bem como o fato de eles seguirem elaborando materiais e trabalhando com a Libras nas aulas de Língua Espanhola. Isso foi realmente muito significativo.

Em relação ao pouco tempo para aprender Libras, podemos assegurar que o que foi pretendido fazer, que eram os vocabulários, foram aprendidos e praticados, pois todos conseguiam realizar as representações, inclusive a professora, que também foi inserida no processo.

A questão de como melhorar o desempenho dos alunos em Língua Espanhola com uma proposta bilíngue pensamos que foi atingida também, mas que a Libras foi mais bem absorvida do que a Língua Espanhola, mais praticada, mais desafiadora e interessante, embora, todo o vocabulário fosse em Língua Espanhola escrita.

Para o questionamento de que forma desempenharmos as funções docentes em um processo eivado de lacunas, analfabetismo, desconhecimento da Libras, entre outras, sabemos que a função de professor no Brasil é difícil, mas também sabemos que, após decidirmos por esta profissão, por esta responsabilidade, tornamo-nos responsáveis pelo que realizamos, com isso, precisamos ser capacitados, conhecermos a língua e a linguagem do aluno, buscar meios fora de nossas áreas também para atingirmos o máximo de êxito possível entre nossos alunos, para que todos se sintam motivados a aprender, respeitados e incluídos no processo de ensino aprendizagem.

Essa indagação nos leva a pensar na última fala na entrevista da intérprete, quando ela nos diz que

> [...] depois disso, os professores passaram a fazer as avaliações em Libras. Antes elas só faziam desenho ou escreviam uma coisa ou outra, agora é em Libras. Isso deu uma valorização muito grande, elas têm o conhecimento, eu estou ali só para traduzir para elas. Então, elas têm estudado tudo e depois elas vão e apresentam, então, antes isso não acontecia, essa questão da inclusão. Que são na verdade partes de um processo de inclusão, só isso não garante, mas é um bom começo (Intérprete. Entrevista realizada em 06/05/2016) (informação verbal).

Consideramos que ainda temos muito que aprender sobre educação inclusiva, ensino para surdos, educação bilíngue, a Língua Espanhola e sua importância no processo de ensino aprendizagem, mas acreditamos, também, firmemente que muito aprendemos com este trabalho. Além disso, ele possui uma riqueza inigualável e de um prazer muito grande por termos tido a coragem de enfrentá-lo.

No que tange à proposta de interação, o objetivo da pesquisa foi alcançado e superado além do que prevíamos. Ao ler os depoimentos dos colegas, das alunas surdas e das professoras, tivemos a dimensão da importância que a inclusão, por meio da interação, surgiu no ambiente de sala de aula e na vida delas.

Para futuras investigações, sugerimos a continuação do desenvolvimento do material didático-pedagógico bilíngue que possa abordar boa parte do conteúdo de Espanhol, visando à aprendizagem global dos alunos em inclusão. Além disso, seria viável realizar um estudo a longo prazo dos processos de interação social, cognitiva e afetiva de uma sala de aula inclusiva em contexto trilíngue (LIBRAS, Português, Espanhol).

Enfim, esperamos que este livro possa animar professores a desenvolver atividades diferenciadas com seus alunos, pois vale muito a pena vê-los inseridos no processo, seja por qual dificuldade for, sempre seremos eternamente responsáveis pelo que cativamos. Fica o nosso abraço e um lindo trabalho a todos.

REFERÊNCIAS

ALARCÃO, I. **Professores reflexivos em uma escola reflexiva**. São Paulo: Cortez, 2003.

ALBANO, E. C. **Da fala à linguagem**: tocando de ouvido. São Paulo: Martins Fontes, 1990.

ALMEIDA FILHO, J.C.P. **Dimensões Comunicativas no Ensino de Línguas**. 1. ed. Campinas: Pontes, 1993. 75 p.

ALMEIDA, E. C. **Deficiência auditiva**: como evitar e cuidar. São Paulo: Atheneu, 2001.

ALMEIDA, K; IORIO, M. C. M. **Próteses auditivas**: fundamentos teóricos e aplicações clínicas. São Paulo: Lovise, 1996.

ANTUNES, C. **Jogos para a estimulação das múltiplas inteligências**. 8. ed. Petrópolis: Vozes, 1998.

ANTUNES, C. **O Jogo e a Educação Infantil**: falar e dizer, olhar e ver, escutar e ouvir. 4. ed., fas. 15. Petrópolis, RJ: Vozes, 2003.

AQUINO, J. **O aluno, o professor e a escola**. Prática de ensino de Geografia e estágio supervisionado. São Paulo: Contexto, 2007. p. 78-86.

ARANHA, M. S. F. Inclusão Social e Municipalização. MANZINI, E. (org.). **Educação Especial**: temas atuais. Marília: UNESP-Marília, 2000.

ASSIS-PETERSON, A. A. **Línguas estrangeiras**: para além do método. São Carlos: Pedro & João Editores, 2008.

BAKHTIN, M. M. [1929]. A interação verbal. *In*: BAKHTIN, M. M.; VOLOCHINOV, V. N. **Marxismo e filosofia da linguagem**. Tradução de Michel Lahud e Yara Frateschi Vieira. 11.ed. São Paulo: Hucitec, 2004.

BAKHTIN, M. M. [1929]. Del libro problemas de la obra de Dostoievski. *In*: **Estética de la Creación Verbal**. Cidade do Mexico: Siglo Veintiuno Editores, 1982. p. 191-199.

BAKHTIN, M. M. [1929]. A relação entre a infra-estrutura e as superestruturas. *In*: **Marxismo e filosofia da linguagem**. Tradução de Michel Lahud e Yara Frateschi Vieira. 11.ed. São Paulo: Hucitec, 2004.

BAKHTIN, M. M. **Marxismo e filosofia da linguagem**. 12 ed. São Paulo: Hucitec, 2006.

BAKHTIN, M. M. **Questões de literatura e de estética**: a teoria do romance. São Paulo: Hucitec, 1990.

BAKHTIN, Mikhail Mikhailovitch. **Estética da Criação Verbal**. São Paulo: Martins Fontes, 1992.

BAKHTIN, M. M; VOLOCHÍNOV, V. N. [1929]. **Marxismo e Filosofia da Linguagem**: Problemas fundamentais do método sociológico. São Paulo: Editora Hucitec, 2012.

BAKHTIN, M. M.; VOLOCHÍNOV, V. N. [1929]. **Marxismo e Filosofia da Linguagem**: Problemas fundamentais do método sociológico. São Paulo: Editora Hucitec, 2014.

BAKHTIN, M. (VOLOCHÍNOV). **Marxismo e filosofia da linguagem**. Problemas fundamentais do método sociológico na ciência da linguagem Trad. Michel Lahud e Yara Frateschi Vieira. 13 ed. São Paulo: Hucitec, 2009 [1929]

BARCELOS, A. M. F. Crenças sobre aprendizagem de línguas, Linguística Aplicada e ensino de línguas. **Linguagem & Ensino**, [s. l.], v. 7, n. 1, p. 123-156, 2004.

BOOTH, T.; AINSCOW, M. **Index for inclusión**. Guía para la evaluación y mejora de la educación inclusiva. Consorcio Universitario para la Educación Inclusiva, Madrid, 2002.

BRAIT, B. (org.). **Bakhtin**: Conceitos-chave. 5. ed. São Paulo: Contexto, 2014a.

BRAIT, B. (org.). **Bakhtin**: Outros conceitos-chave. 2. ed. São Paulo: Contexto, 2014b.

BRAIT, B. Estilo, dialogismo e autoria: identidade e alteridade. *In*: FARACO, C.; TEZZA, C.; CASTRO, G. **Vinte ensaios sobre Mikhail Bakhtin**. Petrópolis: Vozes, 2006.

BRASIL. **Lei n.º 10. 436, de 24 de abril de 2002**. Dispõe sobre a Língua Brasileira de Sinais - Libras e dá outras providências. Brasília, DF: Senado Federal, 2002. Disponível em: http://www.planalto.gov.br/ccivil_03/LEIS/2002/L10436. Acesso em: 22 jul. 2024.

CARVALHO, E. de C.; BARBOSA, I. **Pensamento Pedagógico e as NEE**: Introdução à Deficiência Auditiva. [s. l.]: [s. n.], 2008.

CELANI, M. A. A. (org.). **Professores e formadores em mudança**: relato de um processo de reflexão e transformação da prática docente. Campinas: Mercado das Letras, 2003.

CLEMENTE, M.; DOMÍNGUEZ, A. **La enseñanza de la lectura**: enfoque psicolingüístico y sociocultural. Madrid: Pirámide, 1999.

DOMÍNGUEZ, A. B.; ALONSO, P. **La educación de los alumnos sordos hoy**. Perspectivas y respuestas educativas. Málaga: Aljibe, 2004.

DOLZ, J.; SCHNEUWLY, B. **Gêneros orais e escritos na escola**. Tradução e organização: Roxane Rojo e Glaís Sales Cordeiro. Campinas: Mercado das Letras, 2013.

DUARTE, A. S. **Ensino de LIBRAS para ouvintes numa abordagem dialógica**: contribuições da teoria bakhtiniana para a elaboração de material didático. 2011. Dissertação (Mestrado em Estudos da Linguagem) – Programa de Pós-Graduação em Estudos de Linguagem (MeEL). Universidade Federal de Mato Grosso, Cuiabá, 2011.

DUARTE, A. S. **Metáforas criativas**: processo de aprendizagem de ciências e escrita da Língua Portuguesa como segunda língua pelo estudante visual (surdo). 2016. 203 f. Tese (Doutorado em Educação) – Programa de Pós-Graduação em Educação em Ciências e Matemática. Rede Amazônica de Educação em Ciências e Matemática, [s. l.], 2016.

DUARTE, A. S.; PADILHA, S. de J. Relações entre língua de sinais e língua portuguesa em materiais didáticos: a notação pelos números semânticos. **ReVEL**, [s. l.] v. 10, n. 19, 2012. Disponível em: www.revel.inf.br. Acesso em: 22 jul. 2024.

DUK, C.; NARVATE, L. Evaluar la calidad de la respuesta de la escuela a la diversidad de necesidades educativas de los estudiantes. **Revista Latinoamericana de Educación Inclusiva**, [s. l.], v. 1, n. 1, p. 97-118, 2007.

FARACO, C. A. **Linguagem e diálogo**: as ideias linguísticas do círculo de Bakhtin. São Paulo: Parábola Editorial, 2009.

FERNANDES, S. de F. **Práticas de letramento na educação bilíngue para surdos**. Curitiba: SEED, 2006.

FERNANDES, S. de F. **Surdez e linguagens:** é possível o diálogo entre as diferenças? 1998. Dissertação (Mestrado em Letras) – Universidade Federal do Paraná, Curitiba, 1998.

FIORIN, J. L. **Introdução do Pensamento de Bakhtin**. São Paulo: Ática, 2008.

FIORIN, J. L. Polifonia Textual e Discursiva. *In.*: FIORIN, J. L. (org.). **Dialogismo, Polifonia, Intertextualidade**: em torno de Bakhtin. São Paulo: Edusp, 1999. p. 29-34.

FRAWLEY, W. **Vygosky e a ciência cognitiva**: linguagem e interação das mentes social e computacional. Porto alegre: ARTMED, 2000.

FREIRE, P. **Pedagogia da Autonomia**: saberes necessários à prática educativa. Rio de Janeiro: Paz e Terra, 1996.

FREIRE, P. **Pedagogia da indignação**: cartas pedagógicas e outros escritos. São Paulo: UNESP, 2000.

FREIRE, P. **Pedagogia do oprimido**. 17. ed. Rio de Janeiro: Paz e Terra, 1987.

GERALDI, J. W. **Portos de passagem**. 4. ed. São Paulo, Martins Fontes, 1997.

GERALDI, J. W. **Ancoragem.** Estudos Bakhtinianos. São Carlos: Pedro & João Editores, 2010.

GERALDI, J. W. Alteridades: espaços e tempos de instabilidades. *In*: NEGRI, L.; OLIVEIRA, R.P. (org.). **Sentido e Significação em torno da obra de Rodolfo Ilari**. São Paulo: Contexto. 2014.

GERALDI, J. W. Alteridades, espaços e tempos de instabilidades. In: NEGRI, L.; OLIVEIRA, R. P. de. (org.). **Sentido e significado em torno da obra de Rodolfo Ilari**. São Paulo: Contexto, 2004. p. 288-303.

GOULART, I. B. **Psicologia da Educação**: Fundamentos teóricos. Aplicações à prática pedagógica. 7. ed. Petrópolis: Ed. Vozes, 2000.

HUBERMAN, M. O ciclo de vida profissional dos professores. *In:* NÓVOA, A. **Vida de professores**. 2. ed. Lisboa: Porto Editora, 2000.

KISHIMOTO, T. M. (org.). **Jogo, brinquedo, brincadeira e a educação**. 13. ed. São Paulo, Cortez. 2010.

KRAMER, S. Escrita, Experiência e Formação – Múltiplas possibilidades de criação de escrita. *In*: Encontro nacional de didática e prática de ensino (ENDIPE) Linguagens, Espaços e Tempos no Ensinar e Aprender. 2000. **Anais** [...]. Rio de Janeiro, DP&A, 2000. p. 105-112.

LÜDKE, M.; ANDRÉ, M. E. D. A. **Pesquisa em educação**: abordagens qualitativas. São Paulo: EPU, 1986.

MINAYO, M. C. de S. Ciência, técnica e arte: o desafio da pesquisa social. *In*: **Pesquisa social**: teoria, método e criatividade. Petrópolis: Vozes, 1994. p. 9-29.

MOYLES, J. R. **Só brincar?** O papel do brincar na educação infantil. Tradução de Maria Adriana Veronese. Porto Alegre: Artmed, 2002.

NAGAMINE, B. H. H. **Introdução à análise do discurso**. [*s. l.*]: Editora da Unicamp, 2002. [edição digital].

PADILHA, S. J. **Os gêneros poéticos em livros didáticos de língua portuguesa do ensino fundamental**: uma abordagem enunciativa discursiva. São Paulo: PUC, 2005. Tese (Doutorado em Linguística Aplicada e Estudos da Linguagem) – Programa de Pós-Graduação em Linguística Aplicada e Estudos da Linguagem, Pontifícia Universidade Católica de São Paulo, São Paulo, 2005.

PADILHA, S. J. Relendo Bakhtin: Autoria, escrita e discursividade. **Polifonia**. Periódico do Programa de Pós-graduação em Estudo de Linguagem, Cuiabá, Ano 18, n. 23, Cuiabá, 2011.

PADILHA, S. J. **Relendo Bakhtin**: Reflexões Iniciais. Polifonia. Cuiabá: Edufmt. n. 19. 2009. p. 103-113.

PAROLIM, I. **As dificuldades de aprendizagem e as relações familiares.** Fortaleza, 2003.

PCNs, Gêneros e Ensino de Língua: Faces Discursivas da Textualidade. *In*: ROXANE, R. (org.). **A prática de linguagem em sala de aula**: praticando os PCN´s. Campinas: Mercado de Letras, 2000.

PERLIN, G. Identidades Surdas. *In*: SKLIAR, C. (org.). **A surdez**: um olhar sobre as diferenças. Porto Alegre: Mediação, 1998. p. 51-71.

PONZIO, A. **A revolução bakhtiniana**. São Paulo: Contexto, 2009.

QUADROS, R. M. **As categorias vazias pronominais**: uma análise alternativa com base na LIBRAS e reflexos no processo de aquisição. 1995. Dissertação (Mestrado em Letras) – Pontifícia Universidade Católica do Rio Grande do Sul, Porto Alegre, 1995. Disponível em: www.ronice.com.br. Acesso em: 22 jul. 2024.

QUADROS, R. M. **Língua Brasileira de Sinais**: Estudos Linguísticos. Porto Alegre: Artmed, 2004a.

QUADROS, R. M. **O tradutor e intérprete de língua brasileira de sinais e língua portuguesa**. Secretaria de Educação Especial; Programa Nacional de Apoio à Educação de Surdos. Brasília: MEC; SEESP, 2004b.

QUADROS, R. M. de. KARNOPP, L. **Língua de sinais brasileira**: estudos linguísticos. Porto Alegre: ArtMed, 2008.

RIZZO, Gilda. **Jogos Inteligentes.** 4. ed. Rio de Janeiro: Bertrand Brasil Ltda, 2001.

ROJO, R. H. R. **Gêneros:** artimanhas de texto e do discurso. Linguagens, Códigos. São Paulo: Escolas associadas Pueri Domus, 2003.

ROJO, R. H. R. Gêneros do discurso e gêneros textuais: questões teóricas e aplicadas. *In*: MEURER, J. L.; BONINI, A.; MOTTA- ROTH, D. (org.). **Gêneros**: teorias, métodos, debates. São Paulo: Parábola Editorial, 2005.

SANTIAGO, V. de A. A. **Atuação de intérpretes de língua de sinais na pós-graduação lato sensu:** estratégias adotadas no processo dialógico. Dissertação (Mestrado em Educação Especial) – Universidade Federal de São Carlos, São Carlos, 2013.

SKLIAR, C. (org.). **Educação & Exclusão:** abordagens sócio antropológicas em educação especial. Porto Alegre: Mediação, 1997a.

SKLIAR, C. (org.). **Atualidade da educação bilíngue para surdos:** interfaces entre pedagogia e linguística. 4 ed. Porto Alegre: Mediação, 2013a. v. 1.

SKLIAR, C. (org.). **Atualidade da educação bilíngue para surdos:** processos e projetos pedagógicos. 4 ed. Porto Alegre: Mediação, 2013b. v. 2.

SOUZA, G. T. **Introdução à teoria do enunciado concreto.** 1. ed. São Paulo: Editora Humanitas, 2002.

VOLOCHINOV, V. N. [1929]. Tema e significação na língua. *In*: BAKHTIN, M. M.; VOLOCHINOV, V. N. **Marxismo e filosofia da linguagem.** Tradução de Michel Lahud e Yara Frateschi Vieira. 11. ed. São Paulo: Hucitec, 2004.

VOLOCHINOV, V. N. [1929]. **Estética da Criação Verbal.** BAKHTIN, M. M; prefácio à edição francesa Tzevetan Todorov; introdução e tradução do russo Paulo Bezerra. 6. ed. São Paulo: Editora WMF Martins Fontes, 2011.

VYGOTSKY, L. S. **A formação social da mente.** São Paulo: Martins Fontes, 1999.

VYGOTSKY, L. S. **Pensamento e Linguagem.** São Paulo: Martins Fontes, 1993.

VYGOTSKY, L. S. [1926]. **Psicologia pedagógica.** Tradução do Russo de Paulo Bezerra. 2. ed. São Paulo: Martins Fontes, 2004.

SITES CONSULTADOS

APAS SALAMANCA. **Asociación de padres de niños sordos Salamanca**. Apas Salamanca, Salamanca, [20--]. Disponível em: http://www.aspas-salamanca.es/. Acesso em: 22 jul. 2024.

BRASIL. **Lei n.º 10.436, de 24 de abril de 2002**. Dispõe sobre a Língua Brasileira de Sinais - Libras e dá outras providências. Brasília: Congresso Nacional, 2002. Disponível em: http://www.planalto.gov.br/ccivil_03/leis/2002/L10436.htm. Acesso em: 22 jul. 2024.

BRASIL. **Lei n.º 11.161, de 5 de agosto de 2005**. Dispõe sobre o ensino da língua espanhola. Brasília, DF: Congresso Nacional, 2005. Disponível em: http://www.planalto.gov.br/ccivil_03/_Ato2004-2006/2005/Lei/L11161.htm. Acesso em: 2 dez. 2016.

BRAVO, J. **¿A qué se debe el retraso de muchos jóvenes sordos en leer y escribir correctamente en su idioma?** Beltone, [s. l.], 2014. Disponível em: http://blog.beltone.es/ana-belen-dominguez-la-mayor-parte-de-los-ninos-con-discapacidad-auditiva-empieza-el-aprendizaje-de-la-lectura-en-una-lengua-que-conoce-y-domina-suficientemente/. Acesso em: 22 jul. 2024.

CALVO, A. **Letra Hispánica**. Salamanca Ciudad del Español, Salamanca, [20--]. Disponível em: http://www.espanolensalamanca.com/escuelasespanol.asp?lang=pt&subs=19. Acesso em: 11 abr. 2016.

CARVALHO, I. O. **Los días de la semana**. Brasil Escola, [s. l.], [20--]. Disponível em: http://brasilescola.uol.com.br/espanhol/dias-da-semana.htm. Acesso em: 22 jul. 2024.

DOMÍNGUEZ, A. B. Educación para la inclusión de alumnos sordos. **Revista Latinoamericana de Educación Inclusiva**, [s. l.], v. 3, n. 1, p. 45-61, 2009. Disponível em: http://rinace.net/rlei/numeros/vol3-num1/art4.pdf. Acesso em: 22 jul. 2024.

GUTIÉRREZ, A. B. D. **"Nuestro descubrimiento permite que los niños sordos ganen en comunicación"**. La Opinión, [s. l.], 2014. Disponível em: http://www.laopiniondezamora.es/benavente/2014/07/27/descubrimiento-permite-ninos-sordos-ganen/777512.html. Acesso em: 22 jul. 2024.

INES. **Conheça o INES**. INES, [s. l.], [20--]. Disponível em: http://www.ines.gov.br/conheca-o-ines. Acesso em: 22 jul. 2024.

MINISTERIO DU EDUCAIÓN. ¿Qué es la conciencia fonológica y cómo se desarrolla en los niños? Ecucación Continua, [s. l.], [20--]. Disponível em: http://ftp.e-mineduc.cl/cursoscpeip/Parvulo/NT1/I/unidad2/documentos/leccion1.pdf. Acesso em: 22 jul. 2024.

MINISTÉRIO DA EDUCAÇÃO. **Ensino Médio Inovador**. MEC, [s. l.], [20--]. Disponível em: http://portal.mec.gov.br/component/content/article?id=13439:ensino-medio-inovador. Acesso em: 22 jul. 2024.

PADILHA, S. J. Relendo Bakhtin: autoria, escrita e discursividade. **Polifonia**, Cuiabá, v. 18, n. 23, p. 91-102, jan./jun. 2011. Disponível em: http://periodicoscientificos.ufmt.br/ojs/index.php/polifonia/article/viewFile/24/541. Acesso em: 22 jul. 2024.

SANTIAGO, S. **A libras como instrumento de inclusão social**. Sandra Santiago, [s. l.], 2012. Disponível em: Disponível em: http://profasandrasantiago.blogspot.com.br/2012/11/a-libras-como-instrumento-de-inclusao.html. Acesso em: 22 jul. 2024.

SALAMANCA-UNIVERITY. **Sobre Salamanca y la Universidad de Salamanca**. Salamanca-Univerity, Salamanca, [20--]. Disponível em: http://www.salamanca-university.org/universidad-salamanca.htm. Acesso em: 11 abr. 2016.

SUPERINTENDÊNCIA DE COMUNICAÇÃO SOCIAL. **Seminário do NAPNE discutiu letramento, inclusão e educação de surdos**. Universidade Federal do Paraná, Paraná, 2014. Disponível em: http://www.ufpr.br/portalufpr/blog/noticias/seminario-do-napne-discutiu-letramento-inclusao-e-educacao-de-surdos/. Acesso em: 22 jul. 2024.

TEXTOS CÍRCULOS. **Relendo Bakhtin**: Os classificadores da Língua de Sinais concebem o estético e valorizam o ético no enunciado concreto. Textos Círculo, [s. l.], 2010. Disponível em: http://textosgege.blogspot.com.br/2010/09/relendo-bakhtin1-os-classificadores-da.html. Acesso em: 22 jul. 2024.

VYGOTSKY, L. S. **Teoria e método em psicologia**. 2. ed. São Paulo: Martins Fontes, 1999.

VYGOTSKY, Lev Semenovich. **A formação social da mente**: o desenvolvimento dos processos psicológicos superiores. São Paulo: Martins Fontes, 1998.

VYGOTSKY, L. S. *Pensamento e Linguagem*. São Paulo: Martins Fontes, 1998.

APÊNDICE

UNIVERSIDADE FEDERAL DE MATO GROSSO

PROGRAMA DE PÓS-GRADUAÇÃO EM ESTUDOS DE LINGUAGEM

AREA DE ESTUDOS LINGUÍSTICOS

O Ensino da Língua Espanhola para alunos surdos da Escola Estadual Dom Bosco de Lucas do Rio Verde-MT

Prezado/a Professor/a:

Gostaria que respondesse a este questionário com liberdade e sinceridade, pois suas respostas auxiliarão a compreender como se encontra o ensino de Espanhol para alunos surdos na Escola Dom Bosco e, a partir disso, desenvolver a pesquisa realizando ações que facilitem o trabalho do professor no dia a dia e o aprendizado dos alunos surdos.

Grata, Gilvani Kuyven

1- Qual a sua formação? Possui mais de uma graduação?

2- Onde se formou e em que ano?

3- Possui pós-graduação? Se sim, em que área?

4- Há quanto tempo está atuando como professor/a e há quanto tempo com Língua Espanhola?

5- É professor/a efetivo/a no Estado?

( ) Sim ( ) Não

6- Atualmente em sala de aula de Língua Espanhola tem algum/a aluno/a surdo/a? Se sim, quantos no Ensino Médio: _____

7- Tem intérprete em todas as aulas de Língua Espanhola?

( ) Sim ( ) Não

8- Utiliza alguma metodologia diferente ou específica para os alunos surdos nas aulas de Língua Espanhola ou elabora algum material para facilitar a aprendizagem?

9- Conhece e/ou usa a LIBRAS (Língua Brasileira de Sinais)? 149

10-Acredita que o seu estudante surdo consegue aprender a Língua Espanhola?

De que forma?

11-Se tivesse um material didático específico para ensinar a Língua Espanhola para alunos surdos, facilitaria o ensino a alunos surdos? Em sua opinião, como deveria ser esse material?

Se quiser, deixe aqui seu contato de e-mail e telefone.